Szkoła wdzięku
MADAME CHIC

JENNIFER L. SCOTT

Szkoła wdzięku
MADAME CHIC

PRZEŁOŻYŁA

Agnieszka Kuc

WYDAWNICTWO LITERACKIE

Tytuł oryginału
Polish Your Poise with Madame Chic.
Lessons in Everyday Elegance

Wydanie pierwsze

ISBN 978-83-08-06171-8

Dla Bena

Część pierwsza

Warto mieć klasę

Rozdział 1

Madame Chic wiedziała, co to znaczy mieć klasę

Madame Chic, która była moją gospodynią, gdy przyjechałam na wymianę studencką do Paryża, prezentowała się elegancko i atrakcyjnie na co dzień i od święta. Taki był jej naturalny sposób bycia. Kiedy rano krzątała się w szlafroku po kuchni, emanowały z niej spokój i zadowolenie. Każdego dnia, w domu czy poza nim, wyglądała pięknie, ubrana w stroje, które podkreślały jej atuty. Malowała się delikatnie, stosownie do wieku, i była nadzwyczaj zadbana. Miała doskonałą postawę i odnosiło się wrażenie, że przyjmuje ją bez wysiłku, w sposób całkowicie naturalny. Ładnie się wysławiała i była bardzo inteligentna. Lubiła gotować i umiejętności tej nadała istotne znaczenie, dzięki czemu nasze wieczorne posiłki były niezwykle wytworne zarówno jeśli chodzi o nakrycie stołu, jak i sposób podawania jedzenia. Madame Chic miała ujmujący sposób bycia, była orędowniczką dbałości o kulturę osobistą i dobre maniery, o czym świadczyło zachowanie całej jej rodziny. Była wspaniałym przykładem kobiety silnej, a przy tym szykownej.

Wcześniej nigdy specjalnie się nie zastanawiałam, co to właściwie znaczy mieć klasę. Byłam dwudziestoletnią dziewczyną z Kalifornii, która uwielbiała nosić szorty obcięte ze starych spodni, chodzić w japonkach i nieustannie coś podjadać. Dyscyplina wydawała mi się wówczas czymś tak potwornie nudnym, że nie zamierzałam zaprzątać sobie nią głowy. Przestrzeganie starych, ugruntowanych form zachowania trąciło myszką. W dodatku zasady savoir-vivre'u zdawały się na tyle skomplikowane, że nie sposób było je zapamiętać! Jednak moje widzenie tych spraw zmieniło się diametralnie, gdy zamieszkałam w Paryżu. Madame Chic pomogła mi spojrzeć na samą siebie w zupełnie nowy sposób. Obserwując, jak bardzo pasjonujące i udane życie prowadzi zarówno ona sama, jak i jej rodzina, nagle poczułam, że idea bycia eleganckim na co dzień zaczyna mi się podobać. Uwierzyłam, że nawet taka zwykła kalifornijska dziewczyna jak ja może wyglądać wytwornie, a stylu oraz szyku w zachowaniu i ubiorze można się nauczyć. Zrozumiałam, że ja też mogę zostać kobietą z klasą.

Pięć zasad kobiety z klasą

1. WIARA W SIEBIE: czuj się dobrze we własnej skórze; pielęgnuj naturalną pewność siebie.
2. PANOWANIE NAD SOBĄ: myśl pozytywnie i zachowaj równowagę.
3. WSPÓŁCZUCIE: troszcz się o innych i pomagaj im bezinteresownie.
4. PREZENCJA: ubieraj się elegancko, ale stosownie do okoliczności. Pamiętaj o prawidłowej postawie.
5. SKUPIENIE SIĘ NA TERAŹNIEJSZOŚCI: jak wszystkie osoby z klasą, żyj z pasją tu i teraz.

Mówi się, że klasa to wytworny sposób bycia. Naturalna elegancja, która cechowała Madame Chic, z pewnością wpłynęła na jej styl życia, ale to kierowanie się zasadami savoir-vivre'u na co dzień sprawiło, że jej obycie i klasa rozbłysły jeszcze większym blaskiem.

Dobra wiadomość: moja francuska gospodyni nie jest jedyną Madame Chic na świecie. Są ich miliony. I najprawdopodobniej każda z was poznała już niejedną z nich. Madame Chic to osoba elegancka, pewna siebie, dobrze zorganizowana i praktyczna — po prostu kobieta z klasą. Kobieta, która wygląda szykownie, nosi się z godnością i mówi pięknym językiem. Każdą chwilę traktuje jak wielki dar. To kobieta otoczona aurą tajemnicy, dbająca o swój rozwój intelektualny i zainteresowana sztuką. Kobieta, która ma piękny dom i nie jest zakupoholiczką. To kobieta, która każdy dzień przeżywa tak, jakby posiadła jakiś niezwykły sekret.

Wszyscy możemy żyć elegancko, z klasą i kultywować dobre maniery. Nieważne, jak postępowałaś w przeszłości ani w jakim otoczeniu się wychowałaś. Nieistotne, jak zachowywałaś się wczoraj czy choćby przed godziną. Nieważne, ile masz pieniędzy ani jak żyją twoi krewni. Nieważne, co na ten temat myślą twoi przyjaciele. Nieważne, czy rodzina cię rozumie. Liczy się tylko to, że możesz się zmieniać — kształtować nowe nawyki. Nikt nie rodzi się jako Madame Chic. Dystynkcja, nienaganne maniery, styl i elegancja to cechy, które każda kobieta może w sobie wykształcić i rozwijać. Nieważne, kim jest ani w jak trudnej sytuacji się akurat znajduje. Każda z nas może zmienić swoje życie i uczynić je lepszym, gdy postawi sobie za cel, żeby zostać kobietą z klasą.

Elegancki sposób bycia zawsze był przedmiotem fascynacji w świecie rozrywki. Dobrze to ilustruje *Pigmalion* George'a Bernarda Shawa i jego filmowa adaptacja: *My Fair Lady*. Podobnie *Gigi*, *Pretty Woman, Pamiętnik księżniczki* i *Sabrina*. Bardzo lubimy historie, w których główna bohaterka zmienia się, przeobraża z poczwarki w motyla. Dlaczego? Ponieważ w głębi serca wierzymy, że same również możemy się tak diametralnie zmienić. Nie ma sensu powtarzać: „chciałabym być taka jak ona", „szkoda, że ja taka nie jestem". Nie. Powinnaś raczej czerpać z takich opowieści inspirację i myśleć: Jeśli ona tak potrafi, to ja też.

Nic nie wyzwala w nas większej energii niż zmiana sposobu myślenia. Gdy tylko inaczej spojrzysz na świat i postanowisz przykładać większą wagę do swojego wyglądu, uruchomisz w sobie pokłady energii. Stanie się tak, gdy spróbujesz pokonać własną nieśmiałość; gdy na jakiś czas wyłączysz smartfona; kiedy widząc w szybie swoje odbicie, obiecasz sobie, że przestaniesz się garbić; gdy postanowisz, że w czasie kłótni zachowasz spokój, a przedstawiając kolejną propozycję w pracy, będziesz mówić pewnym głosem; gdy zapragniesz elegancko się wypowiadać — w każdej z tych sytuacji mogą zdarzyć się zdumiewające rzeczy.

Naturalnie jakiś głos wewnętrzny będzie próbował tym zmianom przeciwdziałać. „Za kogo ty się uważasz?", „Jesteś pozerką", „Jesteś sztuczna", „Ludzie pomyślą, że jesteś pretensjonalna", „Stracisz przyjaciół", „Wszyscy uznają, że zadzierasz nosa", „Nikt nie będzie cię już lubił".

Nie zwracaj na to żadnej uwagi. Przecież zdecydowałaś się stworzyć własną wersję Madame Chic. Będziesz się wyróżniać elegancją, dobrymi manierami, szykownością, tym, że masz klasę — a to z pewnością stanie się dla ciebie źródłem siły.

Klasa to pojęcie trudne do zdefiniowania. Niełatwo wyjaśnić, czym jest. Towarzyszy jej aura tajemnicy, ale każdy intuicyjnie rozpoznaje, kto ma klasę, a kto nie. Osoba z klasą jest niewątpliwie atrakcyjna. Jej pewność siebie i życzliwość sprawiają, że w kontakcie z kimś takim czujemy się swobodnie. Kobieta z klasą bez wątpienia nie ma nic wspólnego z zamienionymi w roboty żonami ze Stepford, które wyglądają perfekcyjnie, robią wszystko perfekcyjnie i nie okazują żadnych emocji. Osoba z klasą zna swoją wartość i środowisko, w którym się obraca, potrafi być elastyczna i się dostosować.

Nie oznacza to, że nigdy nie okazuje zdenerwowania i nic nie wytrąca jej z równowagi. Nie znaczy to również, że nie zdarza jej się zachować niewłaściwie. Ale potrafi być samokrytyczna. Jest ufna i pełna wiary, cechuje ją wewnętrzny spokój, trzyma się zasad. Dzięki temu potrafi sobie poradzić w każdej sytuacji.

Ta książka mówi o tym, że kobietą z klasą można nie tyle być, ile raczej wciąż na nowo się stawać. Albowiem posiadanie klasy to ideał, do którego dąży się przez całe życie. Polor i ogłada to nie towar, który można kupić w sklepie, a potem o nim zapomnieć. Jest takie powiedzenie: „Za pieniądze stylu się nie kupi". Klasa, a więc elegancja i dobre maniery, to nie jest coś, co można nabyć. Aby mieć klasę, trzeba nieustannie nad sobą pracować. Bycie osobą z klasą to forma sztuki, sposób na życie. Tak jak artysta stara się przez całe życie doskonalić swoje dzieło, tak samo my musimy ciągle się rozwijać.

Kobieta z klasą	Kobieta bez klasy
Dba o postawę	Garbi się
Mówi wyraźnie	Mamrocze
Utrzymuje kontakt wzrokowy	Ma rozbiegany wzrok
Ubiera się elegancko	Ubiera się niechlujnie
Jest starannie uczesana	Ma brudne włosy
Panuje nad sobą	Jest skora do kłótni
Ma dobre maniery	Zasady savoir-vivre'u są jej obce
Jest dobrym słuchaczem	Woli mówić niż słuchać
Ma ułożone życie prywatne	Nie umie ułożyć sobie życia
Jest uprzejma i łatwo wybacza	Jest kłótliwa i agresywna
Otacza ją aura tajemnicy	Jej życie toczy się na Facebooku
Umie żyć bez smarfona	Jest uzależniona od smartfona
Z wdziękiem przyjmuje komplementy	Nie potrafi przyjmować komplementów
Ładnie się wysławia	Mówi prymitywnym językiem
Dba o rozwój intelektualny	Nie przywiązuje wagi do swojej edukacji
Interesuje się sztuką	Ogląda jedynie tasiemcowe seriale
Delektuje się jedzeniem	Łyka jedzenie w pośpiechu
Podchodzi z pasją do wszystkiego, co robi	Skupia się na zyskach
Dostrzega pozytywne strony życia	Zamartwia się problemami
Nie traci ducha z powodu trudności	Spodziewa się najgorszego

Nie znaczy to, że kobieta z klasą w każdej sytuacji potrafi zachować spokój i wszystko rozegrać perfekcyjnie. Tak nie jest. Kiedy cel będzie już blisko, może zdarzyć się coś nieoczekiwanego, co wystawi cię na próbę. Na przykład nieuprzejmy kierowca zajedzie ci drogę, a tobie w gniewie wyrwie się jakieś niecenzuralne słowo albo zaczniesz wygrażać mu pięścią. Bywa i tak. Ważne, aby uświadomić sobie, że zachowałaś się niewłaściwie. Być może następnym razem postąpisz dzięki temu inaczej. Osoba z klasą stale ma się na baczności, z każdego negatywnego doświadczenia więc wyciąga wnioski, by przy kolejnej okazji zachować się lepiej.

Staraj się być kobietą z klasą przez cały czas, od przebudzenia, aż do chwili, gdy położysz się spać. O eleganckiej postawie pamiętaj nawet wtedy, gdy jesteś wykończona i chętnie rozparłabyś się w fotelu. Nie odpowiadaj burkliwie mężowi, a gdy wpajasz dzieciom zasady dobrego zachowania, trzymaj nerwy na wodzy. Spróbuj wznieść się ponad kąśliwe uwagi koleżanek z pracy i nie odpłacaj im pięknym za nadobne. Nie masz też obowiązku dołączać do plotkarskich zgromadzeń w czasie lunchu. Nic nie stoi na przeszkodzie, by zachować dystans wobec tego, kto próbuje nadużywać twojej uprzejmości. Komplementy przyjmuj z wdziękiem. Możesz stać się wzorem do naśladowania dla swoich dzieci, pozostałych członków rodziny i całego otoczenia. Powinnaś być świadoma tego, że stanowisz ważną część społeczności, a twój sposób bycia rzeczywiście kształtuje relacje międzyludzkie. Przestrzeganie zasad nie przeszkadza cieszyć się życiem, bo stawianie czoła wyzwaniom daje wielką satysfakcję! Dążenie do zachowania klasy uatrakcyjni twoje życie.

Niewiele jest kobiet z klasą

Najłatwiej zauważyć to w życiu publicznym. Ale zanim zmierzysz się ze światem, zmień swój sposób myślenia. Szlifowanie dobrych manier należy do sztuk zapomnianych i dlatego można odnieść wrażenie, że brak ogłady to rzecz najzupełniej normalna. Bo czy sąsiedzi powinni udawać, że się nie znają? Albo czy wypada, by klient zaczynał rozmowę ze sprzedawcą bez powitania? Jakie świadectwo wystawia sobie ktoś, kto głośno przeklina, rozmawiając przez telefon komórkowy? Albo ten, kto obnosi się ze swoim gnuśnym zachowaniem i niechlujnym strojem? Większość ludzi nie pamięta, jak ważne są dobre maniery. I niekoniecznie sami są temu winni. Być może nie mieli odpowiednich wzorców, ideał osoby z klasą jest im więc całkowicie obcy. Otoczenie, niestety, rzadko nam w tej sprawie pomaga. Celebryci, którzy mogliby służyć za wzór do naśladowania, raczej nikogo pod tym względem nie inspirują.

Dawniej, również w show-biznesie, obowiązywały ustalone normy zachowania. W złotej erze Hollywood nigdy nie spotykało się na gali rozdania nagród osób paradujących w negliżu. Współczesne gwiazdy kina i telewizji na sesjach zdjęciowych dla czasopism rozbierają się do bielizny albo idą jeszcze dalej. Artyści muzyki pop zakładają skąpe stroje kąpielowe i kręcą natłuszczonymi oliwą pośladkami tak blisko kamery, jak tylko się da. Czy możecie sobie wyobrazić, jak zareagowałaby na takie zachowanie Audrey Hepburn? A najbardziej przeraża fakt, że zdążyliśmy się już do tego wszystkiego przyzwyczaić.

A skoro my zdążyliśmy przywyknąć, to czegóż możemy się spodziewać po naszych dzieciach, które nie zaznały innej rzeczywistości? Wulgarne zachowania uchodzą obecnie za normę. Być może wiele osób pomyśli, że ta książka to kolejny mały i przyjemny podręcznik savoir-vivre'u, ale ja nalegam, by potraktować jej zawartość z większą powagą. Jestem przeświadczona, że omówione tu zasady są w stanie ocalić nasze społeczeństwo przed popadnięciem w stan nieokrzesania.

Fakt, że osoby z klasą stanowią rzadkość we współczesnym świecie, może budzić uzasadniony niepokój (zwłaszcza gdy wyobrazimy sobie reakcję Audrey Hepburn na erotyczne pląsy półnagich showmanów). Spieszę wam jednak donieść, że nie wszystko jeszcze stracone.

Klasa jako dobro luksusowe

Ponieważ ludzie z klasą należą dziś do rzadkości, elegancja i wytworne maniery są dobrami luksusowymi, czyli, jak ujmuje to słownik, cechami „pożądanymi i wartościowymi". Z całą pewnością dobrze jest mieć klasę. Będziesz zaskoczona, widząc, ile drzwi się przed tobą otworzy, gdy zaczniesz zachowywać się z klasą. Ludzie będą bardziej skłonni ci pomóc. Wywrzesz pozytywne wrażenie na swoim potencjalnym pracodawcy. Przyciągniesz uwagę odpowiedniego partnera. Zdobędziesz szacunek. Z posiadania klasy płynie naprawdę wiele pożytku.

A skoro kultywowanie dobrych manier bywa tak użyteczne, z pewnością jest również cenne. Podobnie jak cenny jest długo wyczekiwany awans lub posada, o jakiej marzyłaś, a także zdolność przyciągania wartościowych ludzi i pomoc, którą ci oferują. Wszystko to podnosi jakość życia. Gdy na co dzień będziesz starała się postępować z klasą, z pewnością odniesiesz wiele korzyści.

Nie chcę przez to powiedzieć, że pracę nad sobą masz traktować jako działanie obliczone na zysk. To nie tak — powinnaś podjąć trud samodoskonalenia, aby w twoim życiu zaszły zmiany; bo jesteś gotowa osiągnąć pełnię swoich możliwości; bo nie chcesz iść przez życie ze świadomością, że je marnujesz; bo chcesz budować prawdziwe relacje z ludźmi; ponieważ nie chcesz żyć w poczuciu zagubienia. Powinnaś pracować nad swoim stylem bycia, bo przecież masz tylko jedno życie i chcesz je w pełni wykorzystać. Jesteś gotowa ten plan realizować tu i teraz. Otrzymałaś w darze wspaniałe ciało i, bez względu na typ sylwetki, chcesz się dobrze prezentować, nosić ubrania, które podkreślą twój indywidualny styl. Możesz poprawić swój wygląd, odpowiednio upinając włosy albo stosując starannie dobrany, naturalnie wyglądający makijaż. Będziesz odtąd trzymać się prosto i chodzić sprężystym krokiem. Postanawiasz zawsze patrzeć rozmówcy w oczy i nie obawiasz się konfrontacji. Chcesz wyglądać szykownie i osiągnąć wewnętrzny spokój. Innymi słowy — pragniesz zostać kobietą z klasą.

Jeśli to wszystko brzmi zachęcająco, ale wydaje się niemożliwe do zrealizowania w praktyce, nie martw się. Ja czułam się podobnie w domu Madame Chic — jak nieporadna uczennica. W osiągnięciu celu z pewnością bardzo mi pomogło obserwowanie różnych osób, które miały klasę i mogły posłużyć za wzorzec do naśladowania. Były to zarówno osoby realnie istniejące, jak i postaci z literatury oraz filmów.

Wzorce do naśladowania

W dzisiejszych czasach ciężko jest znaleźć odpowiednie wzorce osobowe. Zachowania, które w przeszłości uchodziły za szokujące i nieodpowiednie, obecnie uważa się za normalne i powszechnie akceptowane. Dawniej wzorców dostarczały kino lub telewizja — gwiazdy filmu mogły być punktem odniesienia dla widzów, bo cechowała je wytworność i naturalna elegancja. Wystarczy obejrzeć dowolny film z Grace Kelly, Audrey Hepburn, Carym Grantem, Fredem Astaire'em, Ginger Rogers, Clarkiem Gable'em czy

Vivien Leigh. Wszystkie postaci grane przez te aktorki i aktorów miały szyk i klasę, co było typowe dla tamtych czasów. Któż mógłby zapomnieć, jak zachowywała się Margot Wendice grana przez Grace Kelly w filmie *M jak morderstwo*? Albo w jaki sposób Holly Golightly trzymała klasę nawet wtedy, gdy dopadała ją „wściekła chandra" w *Śniadaniu u Tiffany'ego*? Równie niezapomniany jest Cary Grant, który jako Johnnie Aysgarth z niezwykłą elegancją radził sobie z kłopotami finansowymi w filmie *Podejrzenie*. Wszystkim z was, które nie znają tych gwiazd kina ani filmów z ich udziałem, radzę poświęcić choć jeden wieczór w miesiącu na obejrzenie klasycznych już dziś produkcji. Z pewnością będziecie oczarowane manierami, eleganckimi strojami i sposobem, w jaki bohaterowie tych filmów radzą sobie w stresujących sytuacjach.

Wprawdzie ich zachowanie może wydawać się wam odrobinę staroświeckie, ale warto obejrzeć te filmy bez uprzedzeń.

Wzorce do naśladowania można znaleźć nie tylko w klasycznych filmach, ale także we współczesnym świecie, również w show-biznesie. Właściwie nie jest trudno takie postaci dostrzec, bo osoby z klasą przyciągają wzrok jak klejnoty, a my natychmiast się nimi zachwycamy. Doskonałym przykładem jest chociażby Kate, księżna Cambridge. Dlaczego świat tak bardzo fascynuje się przyszłą królową Anglii? Bo wyróżnia się klasą. Jest elegancka, zadbana i cechują ją świetne maniery. Księżna, pomimo że jest młodą kobietą, ma w sobie godność i dostojeństwo, a jednocześnie nie przestaje być osobą dynamiczną, skorą do zabawy i bardzo nowoczesną.

Wprawdzie wspomniałam wcześniej, że we współczesnym świecie rozrywki nie jest łatwo o dobre wzorce do naśladowania, ale to nie znaczy, że w ogóle ich tam nie ma. Owszem, są. Tyle że nie dominują, trzeba więc się trochę wysilić, żeby je zauważyć. Na pewno nie są to osoby, które zamieszczają na Instagramie fotki swoich świeżo powiększonych ust albo zdjęcia najnowszego tatuażu. Artyści z klasą skupiają się przede wszystkim na swojej sztuce i nie robią wokół siebie szumu. I mimo że trzeba się trochę postarać, by ich odnaleźć, oni bez wątpienia istnieją.

Dawne gwiazdy kina:

....

Audrey Hepburn
Bette Davis
Cary Grant
Elizabeth Taylor
Fred Astaire
Ginger Rogers
Grace Kelly
James Stewart
Katharine Hepburn
Peter O'Toole

Współcześni aktorzy i aktorki z klasą:

....

Andie MacDowell
Angela Lansbury
Audrey Tautou
Catherine Deneuve
Dama Helen Mirren
Dama Maggie Smith
Denzel Washington
Meryl Streep
Natalie Portman
Pierce Brosnan

Postaci literackie z klasą:

Jane Eyre z powieści Charlotte Brontë; wszystkie siostry March z powieści Louisy May Alcott *Małe kobietki* (Jo jest wprawdzie porywcza i ma ostry język, ale usilnie nad sobą pracuje, a o to przecież chodzi — kobiety z klasą nieustannie nad sobą pracują); Hercules Poirot i panna Marple Agathy Christie; Elizabeth Bennet z *Dumy i uprzedzenia* Jane Austen; Szekspirowska Beatrice z *Wiele hałasu o nic*, Rosalinda z *Jak wam się podoba* i Desdemona z *Otella*; pani Ramotswe Alexandra McCalla Smitha; Nancy Drew stworzona przez Carolyn Keene; James Bond Iana Fleminga; postać Alicji z *Alicji w krainie czarów* Lewisa Carrolla; Charlotta z *Pajęczyny Charlotty* E.B. White'a (tak, wiem, że Charlotta to pajęczyca, ale ona bez wątpienia miała klasę).

Czyż nie ważniejsze są jednak wzorce z realnego życia? Ludzie, którzy nie mają worka pieniędzy, by zatrudniać osobistych stylistów i fryzjerów? Ci, których zdjęć się nie retuszuje? Mam na myśli zwykłych ludzi, takich, których spotykamy codziennie, bo o nich głównie tu chodzi. Właśnie dlatego paryska Madame Chic stała się dla mnie inspiracją. Było jasne, że ma klasę i nie jest to z jej strony gra pozorów. Elegancja stanowiła nieodłączną część jej osobowości, a ja chciałam być taka jak ona. Wspaniale jest móc obserwować człowieka, którego się podziwia.

Być może w pierwszej chwili pomyślisz sobie, że nie masz wokół siebie osób, na których mogłabyś się wzorować, ja jednak jestem pewna, że tak nie jest: wzorcem może być mama, ciocia, babcia, nauczycielka, przełożony, były nauczyciel tańca lub muzyki, najbliższy sąsiad, sprzedawczyni z lokalnego butiku. Musisz tylko wytężyć wzrok. Człowiek z klasą na pewno zwróci twoją uwagę, bo rozsiewa wokół siebie szlachetny blask niczym diamenty. Jeśli będziesz miała dość odwagi, możesz taką osobę obdarzyć komplementem. Jeśli nie, wystarczy, jeśli bacznie się jej przyjrzysz. Spróbuj się zastanowić, dlaczego przyciąga ona uwagę. Jestem pewna, że znajdziesz wiele powodów — jej sposób mówienia, ale też siadania, maniery, strój, fryzura, zainteresowania intelektualne i dobór rozrywek.

Wy też macie swoją widownię

Każdy człowiek jest ważny. Nie znaleźliśmy się tu przez przypadek. Wszyscy jesteśmy wartościowymi ludźmi i mamy światu coś do zaoferowania. Może myślisz, że twój wpływ na otoczenie jest naprawdę znikomy, ale w rzeczywistości, nawet jeśli mieszkasz na pustkowiu i masz kontakt jedynie z najbliższą rodziną oraz kilkoma sąsiadami, twój styl bycia może znacząco wpłynąć na innych.

Sporo osób mówi mi, że moje filmiki na YouTubie są dla nich źródłem inspiracji. Namawiają mnie, bym pamiętała o swojej widowni i nadal je zamieszczała. Ale powiem ci coś zaskakującego. *Ty też masz swoją widownię*. I wcale nie musisz mieć kanału na YouTubie ani cieszących się popularnością filmików *w mediach społecznościowych*. Nawet jeśli nie gościsz na okładkach czasopism, to pamiętaj, że *ty też masz swoich odbiorców*. Patrzą na ciebie twoje dzieci; twój mąż; koledzy i koleżanki z pracy; sąsiedzi; matki uczniów chodzących z twoimi pociechami do szkoły; nauczyciele twoich dzieci; zupełnie obcy ludzie, których mijasz, przechodząc przez ulicę; barista parzący kawę w lokalnej kafejce; stewardesa w samolocie. Ciągle jesteś obserwowana. I to właśnie oni są twoją widownią, to dla nich warto się starać kształtować dobre nawyki, być wzorcem elegancji — po prostu mieć klasę.

Z całą pewnością zastanawiałaś się już nad tym wszystkim wcześniej, w odniesieniu do swojej rodziny. To oczywiste, że jesteś autorytetem dla swoich dzieci, które pilnie obserwują twoje zachowanie i sposób bycia. Założę się jednak, iż nigdy nie przyszło ci do głowy, że możesz zainspirować kogoś obcego. Pozwól, że zadam ci pytanie: Ile razy w życiu ktoś zupełnie nieznany zrobił na tobie wielkie wrażenie? Może jakaś kobieta na lotnisku, która poruszała się z wdziękiem i wyglądała niezwykle szykownie? A może świetnie ubrany rowerzysta mknący ulicą? Albo pacjentka siedząca z gracją w poczekalni u lekarza? A może uprzejmy pracownik poczty, który mile zaskoczył cię swoimi manierami? Osoby obce wyróżniające się klasą często nas fascynują, tak więc każdy człowiek może stać się inspiracją dla innych nieznanych sobie ludzi. Czy zwracamy uwagę na to, w jaki sposób kształtujemy społeczeństwo i czy chcemy do niego należeć? Gdy spojrzymy na życie z szerszej perspektywy, wtedy trudno jest nadal nie zwracać uwagi na to, w jaki sposób żyjemy, i nie próbować się zmieniać.

A co wówczas, kiedy nikt na nas nie patrzy?

Wiele osób, które decydują się zmienić swój styl bycia i wypracować klasę, podejmuje co prawda rozliczne wysiłki, ale tylko w obecności innych ludzi. Wprawdzie ta metoda może się sprawdzać na krótką metę, ale w dłuższej perspektywie okaże się nieskuteczna, ponieważ nie będziesz autentyczna w tym, co robisz. Wówczas nie tylko sama będziesz się czuła z tym źle, ale również inni będą cię postrzegać jako pozerkę. Dlatego tak ważne jest, abyś stosowała się do swoich zasad także wtedy, gdy nikt cię nie widzi. Po co się starać?

Otóż kiedy nikt nam nie towarzyszy, gdy nikt na nas nie patrzy, jesteśmy najbardziej sobą. Dlatego właśnie wtedy najlepiej jest podjąć pracę nad własnym stylem i zacząć wprowadzać zmiany w życiu. Gdy planujesz, że zaczniesz kłaść się do łóżka w eleganckiej piżamie i nie będziesz objadać się chipsami w czasie oglądania telewizyjnych sitcomów, ustanawiasz w ten sposób pewien precedens i nowy standard zachowania w sytuacji, gdy znajdziesz się w towarzystwie innych osób. Kiedy postanawiasz jeść lunch przy ładnie nakrytym stole, a nie na tacce wyjętej prosto z kuchenki mikrofalowej, przeglądając jednocześnie teksty na ekranie komputera — wtedy także ustanawiasz precedens. Kiedy starannie czeszesz włosy i zakładasz ładną sukienkę, nawet jeśli wcale nie planujesz wychodzić z domu, również inicjujesz zwyczaj, który być może zaowocuje tym, że zaczniesz zwracać większą uwagę na swój wygląd, zanim pojawisz się wśród ludzi. Zmiana rutynowych zachowań jest jak przestawienie pokrętła termostatu. Wkrótce te nowe zachowania staną się normą i wyprą stare przyzwyczajenia.

Praca nad elegancją i dobrymi manierami nigdy nie powinna wynikać z chęci imponowania innym. Po co stwarzać pozory, jeśli nie pojawia się autentyczna potrzeba wprowadzania zmian w zachowaniu, a obecność widzów nie ma tu większego znaczenia. Twoje zachowanie w samotności zapowiada, jak będziesz postępować wśród ludzi.

Teraz, gdy już wiesz, jak wielki wpływ na twoje życie ma elegancja, przejdźmy do zadań praktycznych. Najlepiej od razu zabierzmy się do dzieła. Praca nad stylem życia z klasą to przygoda. Czy jesteś gotowa podjąć to wyzwanie?

Część druga
Prezencja

Rozdział 2

ZNALEZIENIE WŁASNEGO STYLU

Kiedy przyleciałam do Paryża prosto z Los Angeles, zachwyciła mnie uroda tego miasta. Nigdy wcześniej nie widziałam takiej architektury. Mój zachwyt budziły nie tylko budynki, lecz także fontanny, mosty, a nawet latarnie! Wszystko wydawało się wysmakowane, od okien wystawowych po kawiarniane stoliki na chodnikach. A przecież nie napisałam jeszcze słowa o samych mieszkańcach! Z całą pewnością Paryż to nie jest miasto ludzi niedbałych. Zarówno mężczyźni, jak i kobiety chodzą do pracy starannie ubrani. Ich stroje są zawsze świetnie dopasowane do sylwetki. Widziałam artystycznie udrapowane szale! Pięknie dobrane buty! Ubrania dopasowane tak, jakby były szyte na miarę u krawca! Wszyscy, których spotykałam, prezentowali się pięknie, zarówno sprzedawcy na targu, jak i menedżerowie spieszący do swoich biur. Nikt nie sprawiał takiego wrażenia, jakby przed chwilą wyskoczył z łóżka i za nic miał schludny wygląd. Każdy paryżanin i paryżanka mówili swoim strojem zdumionej i otwierającej coraz szerzej oczy Amerykance, w jaki sposób chcieliby być postrzegani.

Moje zaskoczenie wyszukanym stylem, jaki prezentowali paryżanie, wzrosło jeszcze bardziej, kiedy ujrzałam po raz pierwszy Madame i Monsieur Chic. W środowe popołudnie zasiedliśmy razem w salonie przy herbacie i wtedy zwróciłam uwagę, jak elegancko byli oboje ubrani. Madame Chic miała na sobie jedwabną bluzkę i spódnicę o linii A, sznur pereł i pantofle na niskim obcasie, a Monsieur Chic wyjściowe spodnie z zaprasowanymi kantami, koszulę z kołnierzykiem na guziczki, sweter i wypolerowane buty wizytowe. Uznałam za bardzo uprzejmy gest z ich strony, że zechcieli się tak wytwornie ubrać na moje powitanie. Ileż to wymagało starań! Jednak moje początkowe miłe zaskoczenie, że tak uroczyście się ubrali na moją cześć, zniknęło, gdy nazajutrz przekonałam się, że oboje noszą się tak na co dzień. Podobnie jak wielu paryżan, lubili ubierać się szykownie.

Naukę stylu rozpoczniemy właśnie od pracy nad wyglądem zewnętrznym, bo dbałość o niego naprawdę dodaje skrzydeł! Gdy wychodzisz z salonu fryzjerskiego z idealnie ułożonymi włosami albo pomalujesz usta nowym odcieniem szminki, twój krok staje się bardziej sprężysty. Gdy założysz sukienkę, której nie nosiłaś przez jakiś czas i ktoś obdarzy cię komplementem albo kiedy masz pięknie zadbaną skórę, lepiej się czujesz. Od razu nabierasz ochoty, by zatroszczyć się również o inne sfery życia.

To, jak wyglądasz, ma bezpośredni związek z twoim wnętrzem. Jeśli od trzech lat dzień w dzień nosisz sfatygowane spodnie od dresu i rozciągnięty T-shirt nieokreślonego koloru, wysyłasz w świat komunikat, że nie zależy ci ani na ukazaniu swego wewnętrznego piękna, ani na podkreśleniu atutów urody. Dajesz do zrozumienia, że nie warto ci się przyglądać, bo nic szczególnego się w tobie nie kryje.

I tu tkwi sedno sprawy — klasa i szyk to nie jest tylko kwestia samej sukienki albo odcienia szminki. Klasa ujawnia się wtedy, gdy zmienia się nasze nastawienie do wyglądu — gdy dochodzimy do wniosku, że naprawdę zależy nam na kształtowaniu własnego wizerunku. Prawdziwe piękno emanuje z nas wtedy, gdy świadomie opowiadamy się po stronie stylu, gdy postanawiamy, że chcemy mieć klasę. I nie chodzi tu o drogie ubrania, najmodniejszy makijaż ani pasemka zrobione w luksusowym salonie. Piękno wynika z pewności siebie, którą widać na twarzy i w całej postawie, z radości, którą czerpiemy z tego, że dajemy godną oprawę temu, co w nas niepowtarzalne i jednostkowe.

Powiedzmy, że z zachwytem patrzysz na kobietę w pięknej sukience w żywym kolorze. Sama chciałabyś taką włożyć, ale od razu dochodzisz do wniosku, że nie zdołasz jej potem zdjąć. Bo przecież jesteś za gruba. Albo uważasz, że zabraknie ci śmiałości — wszak nie chcesz być w centrum uwagi. W dodatku nigdy wcześniej nie ubierałaś się w taki sposób, po co więc nagle zmieniać front? Za późno na zmiany. Wsłuchaj się dobrze w to, co sobie po cichu mówisz. A gdyby z takich planów zwierzyła ci się przyjaciółka? Jeśli rzeczywiście masz ochotę ubierać się inaczej, zmienić fryzurę albo odcień szminki — miej odwagę to zrobić! Być może na początku poczujesz się dziwnie, ale gdy już raz pokonasz nieśmiałość, z pewnością rozkwitniesz.

Co ciekawe, każda z nas ma nieco inne wyczucie stylu. Odmiennie się czeszemy, wiemy, w jakim makijażu jest nam do twarzy, a w jakim nie. Można być atrakcyjnym na wiele różnych sposobów. Nie ma czegoś takiego jak jeden jedyny sposób ubierania się. Można nosić się bardziej swobodnie, artystycznie, ekscentrycznie i zabawnie albo też elegancko i klasycznie. Niektóre kobiety wolą wytworne sukienki w stylu vintage, a inne chodzą wyłącznie w spodniach. W czasie naszej podróży, której celem jest wypracowanie w sobie klasy, nauczysz się być najlepszą znawczynią własnego stylu.

Nie odkładaj tego na później

Bez względu na to, jak krytycznie oceniasz swój wygląd, musisz się zmierzyć z negatywnymi emocjami — nie powinnaś ich ani ignorować, ani próbować o nich zapomnieć — warto poświęcić im należytą uwagę. Bo tylko wtedy zrobisz krok naprzód i będziesz mogła prawdziwie cieszyć się drzemiącym w tobie pięknem.

Jak już wcześniej wspomniałam, wiele kobiet wyznaje następującą teorię: „Jak schudnę, zacznę się elegancko ubierać". Powtarzają to latami, czekając, aż osiągną idealną wagę i wreszcie będą mogły czerpać z życia satysfakcję. Posłuchaj! Jeśli uda ci się zrzucić wagę, to wspaniale! Jeśli nie — nadal będziesz wartościową osobą. Nie definiuje cię waga ani liczby, które się na niej wyświetlają — już teraz możesz być zadbana i pięknie się ubierać. Jestem przekonana, że gdy na co dzień zaczniesz nosić szykowne stroje, twoja motywacja do zrzucenia wagi wzrośnie i być może prędzej osiągniesz sukces. Stanie się tak dlatego, że zmienisz swoje mentalne nastawienie do problemu nadwagi i spojrzysz na sprawę z większym optymizmem.

Jeśli pracujesz już nad swoją sylwetką i nie wiesz, jaki rozmiar powinnaś w danym momencie kupić, pamiętaj, że zawsze możesz pójść do krawca. Jeżeli masz ukochaną sukienkę, która nagle zrobi się za duża, dobry krawiec z pewnością będzie umiał ją dopasować. Niewykluczone, że jeszcze na tym zyskasz, bo sukienka szyta na miarę zawsze lepiej leży.

Bardzo wiele czytelniczek napisało do mnie po przeczytaniu poprzednich książek inspirowanych postacią Madame Chic: „Jennifer, kiedyś dzień w dzień ubierałam się jak mężczyzna, a teraz celebruję swoją kobiecość i bardzo to polubiłam!". Akcentowanie własnej płci nie jest wcale łatwym zadaniem, zwłaszcza jeśli nigdy wcześniej się tego nie robiło, a w rodzinie brakuje takich wzorców. Gdy już jednak zaczniesz podkreślać swoją kobiecość, otoczenie z pewnością zwróci na ciebie uwagę: „Wyglądasz elegancko!" albo „O la, la, dokąd to się wybierasz?", „No proszę, jak ktoś tutaj pięknie wygląda". Być może uwagi takie sprawią, że poczujesz się przesadnie wystrojona albo skrępowana. Tego rodzaju komplementy mogą cię nawet denerwować. Doskonale to rozumiem, ponieważ sama nie lubię wzbudzać nadmiernego zainteresowania. Po prostu z wdziękiem przyjmij każdy komplement, jakim cię ktoś obdarzy. Kiedy zapytają, dokąd się wybierasz, powiedz im. A kiedy rzucą od niechcenia: „No proszę, to ty się tak ubierasz, żeby odebrać

dziecko ze szkoły?" — odpowiedz z uśmiechem, że owszem i rób dalej to, co zamierzyłaś. Pamiętaj, że przyglądają ci się różni ludzie, dla których też możesz być wzorem. Niewykluczone, że twój staranny ubiór zainspiruje kogoś, kto skrycie marzy o tym, by wyglądać równie elegancko. Ważne jest, aby nie rezygnować ze swoich postanowień tylko dlatego, by ktoś inny czuł się bardziej komfortowo. Jeżeli jesteś gotowa na radykalną zmianę w życiu, musisz wziąć pod uwagę, że wzbudzisz sporo kontrowersji i nie zawsze będzie ci z tym łatwo. Ale nie ustępuj, *mon amie*. Nie ma rzeczy niemożliwych. A jeśli się nie poddasz, to gwarantuję, że twoja strefa wpływów znacznie się poszerzy.

Styl swobodny

Pułapka dresów

Zawsze robi mi się smutno, gdy widzę piękną kobietę (a wierzę, że wszystkie kobiety są piękne!) dzień w dzień ubraną w ten sam niegustowny dres sportowy, który staje się dla niej rodzajem uniformu. Czy w takim stroju ktokolwiek mógłby rozkwitnąć? Oczywiście pomijam tu sytuacje, kiedy ktoś faktycznie ćwiczy. Zdarza się też, że ktoś załatwia różne sprawy bezpośrednio po wyjściu z siłowni albo zawozi dzieci do szkoły przed udaniem się do klubu sportowego. Mnie również się to wielokrotnie przytrafiało, dlatego rozumiem, że czasami pojawiamy się w dresie również poza siłownią. Jednak nie brakuje osób, które chodzą w dresach na okrągło. Jeśli ty również zaliczasz się do tego grona, może czas się zastanowić, dlaczego całe dnie nosisz ubranie przeznaczone do ćwiczeń. Czy dlatego, że dres jest wygodny? Czy może dlatego, że nie chcesz sobie zaprzątać głowy dobieraniem elementów garderoby? A może z tego powodu, że zawsze tak chodziłaś i boisz się to zmienić? Czy faktycznie wygoda jest tu najważniejszym powodem?

Przyznaję, że niejednokrotnie widziałam bardzo ładne stroje sportowe. Wystarczy się przespacerować po Montana Avenue w dzielnicy Santa Monica, gdzie mieszkam, by zobaczyć wielu ludzi gustownie ubranych na sportowo. Mimo to jestem przekonana, że nawet jeśli masz dobry strój do ćwiczeń, nie jest on odpowiedni na każdą okazję.

Strój domowy

Strój domowy to bardzo łagodne określenie starych, rozpadających się łachów, w których przeważnie paradujemy po mieszkaniu. Nie jestem zwolenniczką takiego stroju, bo uważam, że w domu ludzie powinni być równie schludnie ubrani jak poza nim. Jestem za tym, by zawsze starać się wyglądać dobrze — nie tylko w pracy lub gdy załatwiamy jakieś sprawy, ale również wtedy, gdy nikt nas nie widzi. Wiele osób ubiera się elegancko, udając się w miejsca publiczne, jednak z chwilą powrotu do domu natychmiast zakłada spodnie od dresu i jakieś stare ciuchy, które już dawno powinny zniknąć z ich garderoby.

Madame Chic nigdy nie nosiła stroju domowego. Rano zakładała ubranie, w którym chodziła przez resztę dnia. Zazwyczaj miała na sobie spódnicę o linii A, sweter lub bluzkę, rajstopy, buty na płaskim lub wysokim obcasie i obowiązkowe perły. Gdy wychodziła, zwykle zakładała płaszcz lub kardigan, szalik i rękawiczki. Kiedy wracała do domu po załatwieniu różnych spraw, nie zmieniała stroju. Nigdy nie snuła się po domu w spodniach od dresu (prawdę mówiąc, wcale ich nie miała!). Nigdy też nie chodziła wieczorami w piżamie.

Ludzie często mnie pytają: „Jennifer, bardzo podobają nam się twoje ubrania, ale co zakładasz po powrocie do domu?". Otóż noszę to, co mam w szafie, a zawiera ona nie więcej niż dziesięć rzeczy. Tak, po domu chodzę w sukience i w rajstopach. Albo w czarnych spodniach, bluzce i ładnym naszyjniku. Każdego wieczoru, gdy gotuję w kuchni obiad, mam na sobie to ubranie, które nosiłam w ciągu dnia. Tyle że na wierzch zakładam fartuch. Sprzątam również w tym samym stroju przykrytym fartuchem. Przebieram się jedynie, gdy wychodzę pracować do ogrodu, a i to nie zawsze! Często można mnie zobaczyć koło domu (tak, zgadza się) w fartuchu założonym na normalny dzienny strój i w rękawicach.

Dlaczego polecam takie rozwiązanie? Bo klasa nie jest czymś, co demonstrujemy, gdy ktoś nas obserwuje.

Klasa to zmiana stylu życia. Całego życia. Nie tylko sfery publicznej, ale również prywatnej. Czujemy się i zachowujemy inaczej, gdy mamy na sobie ładny schludny strój, a nie powyciągane spodnie od dresu i workowaty T-shirt. Nieistotne, czy mieszkasz z kimś, czy sama i nikt cię przez cały dzień nie ogląda. To kwestia szacunku dla samej siebie.

Niezwykle ważne jest, abyś dobrze się prezentowała także w domu, zwłaszcza jeśli masz dzieci. Większość związanych z tobą wspomnień będą łączyły z życiem domowym. Jak już wcześniej pisałam, z pewnością nie chcesz, aby dzieci zapamiętały cię w dresach do jogi! Spróbuj wyglądać elegancko również w domu.

Kolejna kwestia, o którą często mnie pytają, jest następująca: „A co jeśli poplamię swoje eleganckie ubranie?". Oczywiście, że każdy chce uniknąć zniszczenia porządnych, wysokogatunkowych rzeczy. Ale pozwólcie, że odwołam się do własnego doświadczenia: prawdopodobieństwo zniszczenia ubrania jest naprawdę minimalne. Mam dwójkę małych dzieci, które uwielbiają malować, grzebać w piasku i ogólnie są mistrzami w robieniu gigantycznego bałaganu — mimo to w ciągu ostatnich pięciu lat tylko raz zniszczyłam sobie ubranie. Malowałam córce paznokcie dziecięcym lakierem, kiedy nagle moja córeczka rzuciła się, żeby mnie objąć, a wtedy cały lakier wtarł się w mój T-shirt. No cóż, zdarza się! Ale oddałabym tysiąc T-shirtów za taki spontaniczny uścisk. W końcu nic wielkiego się nie stało. (A tak na marginesie, gdybym założyła wtedy fartuch, koszulka pozostałaby nietknięta. Warto pamiętać o fartuchu, gdy maluje się córce paznokcie!) Poza tym, nawet gdy przydarzy się jakaś plama, przeważnie bez większego trudu można ją wywabić.

Niektórzy ludzie z różnych względów wolą jednak przebrać się po pracy. Potrafię to zrozumieć. Jeśli któraś z was cały dzień spędza w kostiumie, w domu będzie chciała się zrelaksować. Wtedy można zastosować inne rozwiązanie — mieć specjalny zestaw ubrań do chodzenia po domu, ale takich, które będą się dobrze prezentować. Mogą to być, na przykład, legginsy, dłuższy sweter i baleriny. Ale obiecaj mi, że usuniesz z szafy wszystkie stare, prujące się, wyplamione, workowate i mocno już sfatygowane rzeczy. Gdy jakiś element twojej garderoby ewidentnie się zużyje i nie będzie się już nadawał do naprawienia — wyrzuć go. Spróbuj chodzić przez cały dzień dobrze ubrana i nie ulegać pokusie, by po powrocie do domu wskoczyć w jakiś wygodny, ale sfatygowany ciuch. Bardzo szybko się przekonasz, że elegancki ubiór stanie się twoją drugą naturą, czymś najzupełniej normalnym.

Prawdziwy styl

Jaki jest twój prawdziwy styl? Czy pasują do niego rzeczy, które masz teraz w szafie? Zawsze jestem zaskoczona, gdy ludzie nie potrafią określić, jaki właściwie mają styl. To powinno być przecież oczywiste.

Najlepszym wyrazem twojego stylu jest ubiór, który włożyłabyś, gdybyś nie musiała się liczyć z otoczeniem. Jeśli nie wiesz, jaki masz styl, to znaczy, że najprawdopodobniej ulegasz różnym wpływom — oddziałują na ciebie trendy w modzie, celebryci, kultura masowa, przyjaciele albo społeczność, w której żyjesz. Ale zapomnij o tym na chwilę. Gdybyś mogła się ubrać w to, co naprawdę lubisz, co byś założyła?

Jeśli czujesz, że twój styl ubierania się nie jest tak naprawdę „twój", być może powinnaś sprawdzić, czy nie narzuca ci go otoczenie. Powiedzmy, że większość kobiet w twoim wieku, z którymi masz kontakt, nosi kuse krótkie spodenki i bardzo skąpe topy, jednak ty wolisz bardziej wyrafinowany styl. Nie oglądaj się na innych, tylko załóż piękną sukienkę w kwiaty, kardigan i sandały. Owszem, będziesz wyglądała inaczej niż koleżanki, ale jeśli chcesz pracować nad klasą, to i tak zaczniesz się wyróżniać, więc co ci szkodzi spróbować ubierać się stylowo!

Madame Chic z całą pewnością nie dbała o modowe trendy. Ubierała się klasycznie, skromnie i dość tradycyjnie. Spódnice o linii A, dobre gatunkowo swetry, jedwabne bluzki, buty na niskich obcasach i klasyczne akcesoria — tak ubrana Madame Chic zawsze czuła się doskonale we własnej skórze. Ludzie, którzy są zadowoleni ze swoich ubrań, wywierają pozytywny wpływ na otoczenie i wszyscy dobrze się miewają w ich towarzystwie. Jeśli zdecydujesz się skomponować minimalistyczną, dziesięcioelementową garderobę i na co dzień będziesz z tych zasobów korzystać, to bez wątpienia twój styl stanie się bardziej wyrazisty. Wybierając się na zakupy, zawsze pamiętaj, żeby dorzucić coś nowego do swojej małej szafy. Zwracaj uwagę, by nowy ciuch pasował do twojego indywidualnego stylu. Ta swoista dyscyplina z całą pewnością okaże się pomocna, gdy nagle poczujesz nieodpartą chęć, by coś kupić tylko dlatego, że jest na wyprzedaży. Jeśli nowa rzecz nie będzie pasować do reszty zestawu, to znaczy, że nie ma dla niej miejsca w twojej szafie. Lepiej odłożyć pieniądze i poczekać. Gdy natrafisz na sukienkę swoich marzeń, która komponuje się pięknie z resztą garderoby, będziesz szczęśliwa, że miałaś dość wewnętrznej dyscypliny i zaczekałaś na stosowny moment.

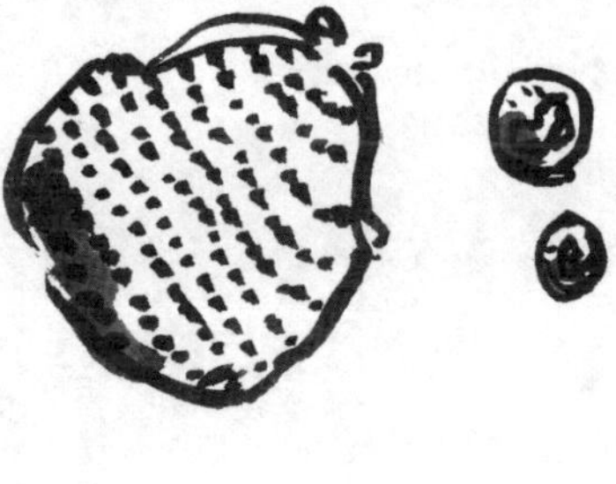

Quiz — czy znasz swój indywidualny styl

Jeśli masz problem z rozpoznaniem swojego stylu, sprawdź, które rzeczy są dla ciebie rzeczywiście ważne i sprawiają ci przyjemność. Zrób ten quiz i sprawdź, jak wypadłaś. Zapisz sobie wybrany numer z każdej podanej kategorii, a potem zapoznaj się z wyjaśnieniami zamieszczonymi na końcu quizu.

Ten film zawsze robi na tobie wrażenie:

1. *Amelia*
2. *Śniadanie u Tiffany'ego*
3. *Pamiętnik*
4. *Stań przy mnie*
5. *U progu sławy*
6. *Stowarzyszenie Umarłych Poetów*
7. *Słodkie zmartwienia*

Twoje ulubione kwiaty to:

1. Tulipany
2. Orchidee
3. Róże angielskie
4. Gerbery
5. Polne kwiaty
6. Hortensje
7. Strelicje

Po prostu uwielbiasz tę aktorkę:

1. Marion Cotillard
2. Angelina Jolie
3. Keira Knightley
4. Katharine Hepburn
5. Kate Hudson
6. Reese Witherspoon
7. Sarah Jessica Parker

Ikona stylu, która cię inspiruje, to:

1. Inès de la Fressange
2. Jacqueline Kennedy Onassis
3. Grace Kelly
4. Diane Keaton
5. Drew Barrymore
6. Gwyneth Paltrow
7. Nicole Richie

Twoja marka numer jeden to:

1. Chanel
2. Diane von Fürstenberg
3. Vera Wang
4. Vince

5. Free People

6. Ralph Lauren

7. Alexander McQueen

Twoja ulubiona sztuka lub musical:

1. *Gigi*

2. *Chicago*

3. *Romeo i Julia*

4. *West Side Story*

5. *Sen nocy letniej*

6. *Boso w parku*

7. *Czekając na Godota*

Twoja ulubiona książka to:

1. *Ruchome święto*

2. *Wielki Gatsby*

3. *Dziwne losy Jane Eyre*

4. *Przygody Hucka Finna*

5. *W drodze*

6. *Buszujący w zbożu*

7. *Wyznania zakupoholiczki*

Ten odtwórca głównej roli sprawia,
że twoje serce bije mocniej:

1. Owen Wilson w filmie *O północy w Paryżu*

2. Cary Grant w każdym swoim filmie

3. Colin Firth jako pan Darcy w *Dumie i uprzedzeniu*

4. Harrison Ford jako Indiana Jones

5. Johnny Depp w *Piratach z Karaibów*

6. Matt Damon w *Buntowniku z wyboru*

7. Richard Gere w *Pretty Woman*

Gdybyś mogła podróżować w czasie,
to przeniosłabyś się:

1. Do Paryża, natychmiast!

2. Do Hollywood z okresu złotego wieku

3. Do Anglii z czasów Jane Austen

4. Do Ameryki w czasach Dzikiego Zachodu

5. Na Woodstock w lata sześćdziesiąte XX w.

6. Do Hamptons około 1985 roku

7. Do Fabryki Andy'ego Warhola w Nowym Jorku

PRZEWAŻAJĄ U CIEBIE JEDYNKI: *Paryski szyk* — kochasz modę, lubisz styl eklektyczny. Czujesz się równie dobrze w pięknej dopasowanej sukience i szpilkach, jak i w dżinsach, trampkach marki Converse i żakiecie Chanel. Doskonale znasz swój styl, lubisz go i nie identyfikujesz się z żadnym aktualnym trendem w modzie.

PRZEWAŻAJĄ U CIEBIE DWÓJKI: *Wyrafinowany glamour* — nienaganny, elegancki wygląd jest dla ciebie bardzo ważny. Lubisz wyraziste akcesoria i suknie koktajlowe. W mniej formalnych sytuacjach również starasz się wyglądać szykownie dzięki luksusowym dodatkom noszonym do zwykłego stroju. Zawsze jesteś starannie uczesana, twój styl jest ponadczasowy i wyrafinowany.

PRZEWAŻAJĄ U CIEBIE TRÓJKI: *Romantyczna kobiecość* — najlepiej czujesz się w strojach podkreślających twoją kobiecość. Twoimi ulubionymi tkaninami są jedwab i kaszmir. Uwielbiasz kwiatowe nadruki i tradycyjny wygląd w stylu vintage. Zawsze jesteś gustownie ubrana, wolisz niezbyt głębokie dekolty i bezpieczne długości, a mimo to potrafisz wyglądać ponętnie.

PRZEWAŻAJĄ U CIEBIE CZWÓRKI: *Niezobowiązujący szyk* — typ chłopczycy. Na co dzień wolisz nosić spodnie i szorty niż sukienki i spódnice. Najchętniej wybierasz proste fasony bez wymyślnych ozdóbek. Jesteś wysportowana i aktywna przez cały dzień, lubisz przebywać na świeżym powietrzu. Twój strój to odzwierciedla. Na wieczorne wyjścia zakładasz spodnie garniturowe i wspaniały jedwabny bezrękawnik albo prostą, ale przyciągającą wzrok sukienkę. Czasami twoim wyróżnikiem są jaskrawo pomalowane czerwone usta.

PRZEWAŻAJĄ U CIEBIE PIĄTKI: *Styl boho* — jesteś wolnym duchem o artystycznej duszy. Twój styl dobrze to oddaje. Lubisz długie spódnice, buty kowbojki, eklektyczną biżuterię i frędzle oraz naturalnie wyglądające fryzury, bez względu na to, czy masz włosy kręcone, czy proste.

PRZEWAŻAJĄ U CIEBIE SZÓSTKI: *Styl „Preppy", czyli studentka elitarnego college'u* — obowiązkowo świeżo wyprasowana koszulka polo, idealnie skrojone dżinsy, para markowych zamszowych mokasynów. Proste, lecz eleganckie stroje wieczorowe. Twoje naturalne piękno podkreśla świeży, delikatny makijaż, dyskretna biżuteria, prosta, ale dopracowana fryzura.

PRZEWAŻAJĄ U CIEBIE SIÓDEMKI: *Fashionistka* — nie podążasz za modą, tylko sama ustanawiasz trendy. Jesteś w awangardzie i nie masz żadnych zahamowań w dziedzinie eksperymentowania z nowymi stylami, poczynając od fryzury, a kończąc na manikiurze. Ekscytuje cię wszystko, co wiąże się z modą — mocno zaakcentowane ramiona, wyrazista biżuteria, szpilki z najnowszej kolekcji. Masz naturę kameleona i nie boisz się modowych nowinek.

Rozdział 3

ELEGANCKIE UBRANIA

Czy istnieje związek pomiędzy tym, że ktoś ma klasę, a tym, jak się ubiera? Dlaczego to, co na sobie nosimy, jest takie istotne? Codziennie stajemy przed szafą i dokonujemy wyboru, co założyć. Na pozór nie ma to większego znaczenia — ot, jeden z wielu wyborów, przed jakimi stajemy w ciągu dnia — ale w rzeczywistości ubiór jest sprawą ogromnej wagi. Odpowiednio dobrany strój sprawi, że rozkwitniesz. Moment, kiedy stajesz rano przed szafą, może być chwilą prawdziwej przyjemności, a nie udręki. Wybieranie stroju powinno być czymś ekscytującym. Radość, jaką ci to sprawi, będzie zachętą, by ubierać się pięknie każdego dnia. Osoba z klasą zawsze stara się być ubrana elegancko i stosownie do okoliczności. Jest świadoma tego, że właśnie ubiór najbardziej definiuje styl i jest czymś w rodzaju naszej wizytówki.

Elegancja a dziesięcioelementowa garderoba

Dziesięcioelementowa garderoba to temat, który chyba najczęściej poruszam. Kobiety szczególnie się nim interesują, bo większość z nas ma tyle ubrań, że jakiekolwiek ograniczenie ich wręcz nie mieści nam się w głowie. W rzeczywistości taka zasobność szafy (nierzadko są w niej setki ubrań) to stosunkowo nowe zjawisko. Nasze babki i prababki radziły sobie całkiem nieźle, dysponując znacznie mniejszą liczbą rzeczy (a przy tym potrafiły ubierać się bardzo elegancko). Co te przepełnione szafy mają wspólnego z tym, czy mamy klasę? Nasze szafy pełne strojów, których nigdy nie nosimy, mówią o nas bardzo wiele — że czujemy się zagubione i nie potrafimy nad sobą zapanować, że odczuwamy nieustanną potrzebę kupowania nowych rzeczy, że jesteśmy zbyt leniwe, by to wszystko przejrzeć i przekazać nienoszoną odzież potrzebującym. Nie chcę cię dobijać, ale twoja szafa pęka zarówno od nadmiaru ubrań, jak i od mnóstwa nierozwiązanych problemów.

Jeśli chcesz nabrać klasy i poukładać swoje wnętrze, zacznij od szafy. Jeżeli nigdy wcześniej tego nie próbowałaś, gorąco cię zachęcam, byś stworzyła sobie dziesięcioelementowy zestaw ubrań. Podróż, w którą się udasz, kompletując taką skromną, ale wystarczającą garderobę, odsłoni przed tobą bardzo wiele i pozwoli rozwiązać te problemy, których istnienia może nawet nie podejrzewałaś — poczynając od kwestii stylu, poprzez kontrolowanie wydatków, aż po budowanie poczucia własnej wartości. Sprawa dziesięcioelementowej garderoby była już omawiana w obu moich poprzednich książkach: *Lekcje Madame Chic* i *W domu Madame Chic*, ale warto pokrótce przypomnieć tutaj najważniejsze związane z nią kwestie.

Jak pozbyć się bałaganu z szafy

Jeśli masz za dużo ubrań, każdego ranka będziesz się czuła nieswojo, podchodząc do szafy i próbując wybrać stosowny strój. Postaram się pomóc ci odchudzić szafę. Musisz przejrzeć i ocenić wszystkie swoje rzeczy. Instynktownie wyczujesz, których ubrań możesz się pozbyć. Ale jeśli uważasz, że potrzebna jest ci w tej sprawie rada, oto ona — pozbądź się wszystkiego, czego nie założyłaś ani razu przez cały rok. Staraj się zignorować wewnętrzne podszepty — głosy, które będą ci wmawiać, że nienoszone rzeczy są przecież w twoim stylu i tylko czekają na odpowiednią okazję. W głębi serca czujesz, że to nieprawda i taki moment nigdy nie nadejdzie. Musisz postąpić zdecydowanie. Przekaż ubrania na cele charytatywne. Pozbądź się ich. Nie są ci już potrzebne, ale może przydadzą się komuś innemu. Kiedy już odłożysz wszystkie zbędne rzeczy, których nie zakładałaś przez rok, ubrania, które są zbyt małe lub zbyt duże albo po prostu nie pasują do twojego stylu i do reszty garderoby — wtedy przystąp do porządkowania tego, co zostało. Wyjmij z szafy wszystkie rzeczy z poprzedniego sezonu i postaraj się znaleźć dla nich inne miejsce. Jeżeli jest sam środek lata, to naprawdę nie ma potrzeby przyglądać się zimowej kurtce przy każdym otwarciu szafy.

Najlepsze czasy mają już za sobą?

Jeśli nadal nie jesteś przekonana, że należy usunąć z szafy wszystkie rzeczy, które najlepsze czasy mają już za sobą, pozwól, że opowiem ci historię, która powinna cię zmotywować. Pewnej niedzieli spieszyłam się do kościoła i byłam już bardzo spóźniona. Miałam najwyżej dziesięć minut na to, by się ubrać. Na dworze panował chłód i padało, dlatego koniecznie chciałam założyć do sukienki kryjące rajstopy i kalosze. Wtedy przypomniałam sobie, że obie pary takich rajstop są jeszcze mokre i wiszą w łazience, bo poprzedniej nocy je wyprałam. Wiedziałam, że powinnam mieć jeszcze trzecią zapasową parę, zaczęłam więc przetrząsać szufladę. W miarę upływu czasu byłam coraz bardziej zdesperowana i zła, bo nagle wszystkie rajstopy zaczęły mi się wydawać takie same. Wreszcie trafiłam na właściwą parę, szybko ją włożyłam i ruszyłam z rodziną na nabożeństwo. W czasie drogi uświadomiłam sobie z przerażeniem, że podtrzymująca guma jest zużyta i za chwilę rajstopy opadną. „Mamusiu, co się dzieje?" — dopytywała się moja córka, gdy usiłowałam doprowadzić rajstopy do porządku.

Gdy dotarliśmy na miejsce, natychmiast poszłam do łazienki, by spróbować rozwiązać problem. Bez agrafki czy choćby taśmy klejącej nic nie byłam w stanie zrobić. Przez chwilę się zastanawiałam, czy w ogóle nie zdjąć rajstop i w ten sposób pozbyć się kłopotu, ale było tak przeraźliwie zimno, że wolałam nie ryzykować. Postanowiłam, że w czasie nabożeństwa nie będę się za dużo ruszać i jakoś sobie poradzę. I wszystko było dobrze, dopóki nie wyszłam z ławki, żeby przyjąć komunię. Gdy ustawiłam się w kolejce i zrobiłam kilka kroków, poczułam, że rajstopy zaczynają mi opadać. I to gwałtownie. Zanim stanęłam przed księdzem, zsunęły się prawie do kolan! Jaki z tego morał? Jeśli któryś element garderoby jest znoszony i czasy świetności dawno ma za sobą — KONIECZNIE GO WYRZUĆ. Nie mam pojęcia, dlaczego nie pozbyłam się tych rajstop, gdy guma przestała trzymać. Jedno jest pewne — nigdy więcej nie popełnię takiego błędu!

Wybieramy ubrania z klasą

A teraz pora zaprzyjaźnić się na nowo z tymi ubraniami, które przeszły proces selekcji. Niewykluczone, że wiele z nich to bardzo ładne rzeczy, których nie nosiłaś, by ich nie zniszczyć. Musisz zmienić podejście i przestać oszczędzać najlepsze ubrania na tak zwaną okazję. Nie namawiam cię do tego, żebyś biegała do sklepu spożywczego w koktajlowej sukience z koronki, ale koniecznie załóż tę ładną jedwabną bluzkę, która wciąż bezużytecznie wisi w szafie. Zacznij nosić swoje najlepsze rzeczy na co dzień. Osoby z klasą zawsze dbają o elegancki wygląd. Nie próbuj chodzić w starych, byle jakich ubraniach, by lepszym przedłużyć żywot. Każdy dzień jest darem. Każdy dzień może być twoim ostatnim! Nie chowaj dobrych ubrań na później, noś je już DZISIAJ!

Gdy rano wybierasz ubrania, weź pod uwagę kryterium klasy. Kiedy wahasz się pomiędzy dżinsami i T-shirtem (znowu) a ładną sukienką, choć raz wybierz sukienkę. Z pewnością dżinsy i T-shirty sprawdzają się w wielu różnych sytuacjach, ale gdy uświadomisz sobie, że nosisz je prawie na okrągło, być może zechcesz to zmienić i zdecydować się na coś, co w pierwszym momencie wyda ci się mało praktyczne. Zapewne wkrótce twoje preferencje zmienią się i poczujesz, że dżinsy i T-shirty ci nie wystarczają, bo są zbyt zwyczajne i powszednie. Sukienkę uznasz za odpowiedniejszą. Jeśli codziennie będziesz dobierać ubrania z myślą o wyglądzie z klasą, to twoje wyczucie stylu i szyku będzie coraz lepsze.

Dziesięć najważniejszych rzeczy

Liczebnik „dziesięć" w określeniu „dziesięcioelementowa garderoba" odnosi się do dziesięciu (ale możesz podstawić tutaj inny liczebnik, jeśli wolisz) najważniejszych ubrań. Są to tak zwane rzeczy podstawowe, które nosimy codziennie i które kształtują nasz wizerunek. Zaliczają się do nich spodnie (włącznie z dżinsami), sukienki, bluzki i spódnice. Musisz naprawdę dobrze się zastanowić, zanim skompletujesz odpowiedni zestaw. Idealnie byłoby, gdyby ubrania te odznaczały się wysoką jakością i mogły służyć ci dłużej niż jeden sezon. Muszą to być takie stroje, w których dobrze się czujesz i które naprawdę lubisz. Kolory powinny być twarzowe i zharmonizowane ze sobą, tak by poszczególne elementy garderoby można było łatwo wymieniać i łączyć. Z czasem będziesz umiała komponować z tych podstawowych ubrań naprawdę eleganckie zestawy. Być może początkowo będziesz popełniać błędy, ale szybko nauczysz się wielu rzeczy. Nie kupisz, na przykład, krótkiej sukienki, jeśli uznasz, że prawdopodobnie skurczy się ona zaraz w pierwszym praniu. Ani spodni, które po kilku praniach zrobią się pewnie za ciasne. Odkryjesz ulubioną markę dżinsów i odpowiedni dla siebie styl. Dojdziesz do wniosku, że klimat, w którym żyjesz, jest za gorący, by nosić bluzki z długim rękawem. Albo że dobrze jest ubierać się warstwowo. Będziesz wiedzieć, który fason sukienki najlepiej podkreśla twoje atuty. Stworzysz kolekcję ubrań, które będą pięknie na tobie leżały, dodadzą ci blasku i urody. To właśnie takie ubrania złożą się na twój styl. Aby stworzyć taki harmonijny i przemyślany zestaw, musisz podejść poważnie do idei dziesięcioelementowej garderoby.

Przykładowe ubrania podstawowe:

....

4 sukienki

2 pary spodni

4 bluzki

albo

2 pary dżinsów

2 pary spodni

4 bluzki

2 sukienki

albo

3 sukienki

2 spódnice

3 bluzki

2 pary dżinsów

albo

10 sukienek

A teraz: jak ważna jest liczba dziesięć? Nie jest tak znowu istotna. Jeśli nie wyobrażasz sobie, jak mogłabyś normalnie funkcjonować, mając dziesięć ubrań, przyjmij inny limit: piętnaście, dwadzieścia czy nawet dwadzieścia pięć. Najważniejsze, by na początek nauczyć się krytycznego podejścia do swojej garderoby i właściwie oceniać jej jakość. Z czasem możesz dojść do wniosku, że jednak nie potrzebujesz aż tylu ubrań i że dziesięć w zupełności wystarczy. Wiele spośród moich czytelniczek opiera swoją garderobę na dziesięciu elementach i jest z tego zadowolonych. Ale inne potrzebują piętnastu albo i dwudziestu ubrań w zestawie. One również piszą, że nowe podejście do kupowania odzieży zmieniło ich życie. To naprawdę działa!

Koncepcja dziesięcioelementowej garderoby pomaga również zmienić nastawienie do zakupów. Kształtuje dobry gust i narzuca samodyscyplinę w kwestii wydatków. Każe przedkładać jakość nad ilość i uczy kreatywnie wykorzystywać to, co już mamy w szafie. Wprawdzie wyrobienie w sobie pozytywnych nawyków zajmuje trochę czasu, ale daje satysfakcję. Zasadę dziesięcioelementowej garderoby można także zastosować do innych rzeczy, nie tylko do ubrań. Chodzi o to, by kupować jedynie wtedy, gdy jest to konieczne. Jeśli rzeczywiście czegoś potrzebujesz, z pewnością dokładnie wiesz, czego szukasz, i nie zadowolisz się byle czym. Oczywiście nadal możesz zaglądać na wyprzedaże, ale pod warunkiem, że będziesz tam kupować tylko to, co rzeczywiście przydatne, piękne lub szczególnie przypadnie ci do gustu. Wszystko, co kupisz, powinno idealnie pasować do wystroju twojego domu i komponować się z pozostałymi rzeczami.

Już nigdy nie będziesz zapychać szafy nowymi ubraniami, dopóki nie zrobisz przeglądu i nie pozbędziesz się choć części starej garderoby. Zwolnisz nieco tempo i dasz sobie czas na wyselekcjonowanie tych sztuk odzieży, które się zużyły albo przestały ci odpowiadać.

Praca nad stylem i klasą wymaga, by przed wyruszeniem na zakupy zadać sobie następujące pytania:

Czy naprawdę jest mi to potrzebne?

Czy mnie na to stać?

Dlaczego chcę to kupić?

Czy chcę to kupić teraz?

Czy za tydzień albo nawet za rok nadal będę chciała?

Korzyści ze stosowania zasady dziesięcioelementowej garderoby są ogromne. Twoje zakupy będą bardziej przemyślane; wydasz mniej pieniędzy; nie będziesz niewolnicą konsumpcyjnego stylu życia; przestaniesz działać pod wpływem impulsu: „Likwidacja kolekcji! Wyprzedaż! Ostatnie obniżki!". Będziesz umiała określić swój styl i polubisz go. Zaczniesz nosić się elegancko na co dzień, bo wcześniej usuniesz z szafy wszystkie sfatygowane i nietwarzowe ubrania. W rezultacie zawsze będziesz wyglądała szykownie. Kiedy obudzisz się rano, wybranie stroju nie przysporzy ci problemu, bo wszystko, co znajdziesz w szafie, będzie ze sobą współgrało. Osoby z klasą wyglądają elegancko, mają wyrazisty styl i dobrze się czują w swoim ubraniu. Zasada dziesięcioelementowej garderoby pomoże ci osiągnąć ten cel. Nie bój się podjąć tego wyzwania!

Planowanie garderoby przyjdzie ci bez wysiłku

Gdy będziesz już miała za sobą wszystkie etapy budowania dziesięcioelementowej garderoby, zdziwisz się, jak łatwo jest skompletować strój wyjściowy. Ograniczona pula ubrań, z której będziesz wybierać, uczyni cały proces znacznie prostszym. Dobrze przemyślana garderoba pomoże ci trzymać się określonego stylu, z którym najbardziej się identyfikujesz. Osoby sceptycznie nastawione do pomysłu dziesięcioelementowej garderoby martwią się, że ograniczona liczba ubrań wprowadzi do ich życia monotonię. Nic podobnego. Taka liczba elementów stroju daje wystarczająco dużo możliwości i pozwala tworzyć naprawdę ciekawe zestawienia. A jeśli nawet trochę się znużysz, to potraktuj to jako ćwiczenie charakteru — po prostu naucz się zadowalać tym, co masz. Takie podejście naprawdę kształtuje charakter, a tym samym pomaga zrobić krok naprzód na drodze do bycia osobą z klasą.

Najłatwiej jest wybrać sukienkę, bo wtedy wszelkie rozterki na temat stroju ograniczają się do dodatków — rajstop, butów, biżuterii i odzieży wierzchniej. To właśnie z tego powodu sukienki zawsze zajmują ważne miejsce w mojej szafie. Góra i dół stroju powinny ze sobą harmonizować. Jeśli starannie zaplanujesz elementy zestawu, które trafią do szafy, nie będziesz potem musiała w mękach zastanawiać się, co ze sobą współgra. A po latach praktyki będziesz doskonale wiedziała, co jest właściwe dla twojego stylu, i wszystkie ubrania będą się ze sobą idealnie komponować. A wtedy poranne planowanie garderoby przyjdzie ci bez wysiłku.

Dodatki do podstawowej garderoby

Rzeczy, które uzupełniają podstawową garderobę, pomagają połączyć ubrania w harmonijną całość. Są to T-shirty, stroje, które nosi się warstwowo: swetry i kardigany, odzież wierzchnia, akcesoria takie jak szale, torebki, buty i biżuteria. To właśnie one pomagają dopasować ubiór do indywidualnych potrzeb. Jeśli żyjesz w chłodnym klimacie, będziesz potrzebowała więcej swetrów niż ktoś, kto mieszka w południowej Kalifornii. Jeśli masz małe dzieci i często bywasz w parku, być może przyda ci się więcej T-shirtów. Jeśli dużo chodzisz, będziesz potrzebować więcej płaskich butów. Pamiętaj jednak, że umiar należy zachować również w doborze rzeczy uzupełniających. Cóż z tego, że ograniczysz do dziesięciu liczbę podstawowych ubrań, gdy potem kupisz setki dodatków. Nie o to chodzi! Sama musisz ustalić, ile dodatków będzie ci potrzeba, i odpowiednio ograniczyć ich liczbę. Dobrze dobrane akcesoria są może nawet ważniejsze od rzeczy podstawowych, bo to one wyzwalają kreatywność i ostatecznie decydują o charakterze stroju. To dzięki nim możesz się zmieniać. Aż trudno uwierzyć, w jakim stopniu wyrazisty naszyjnik albo ładny szal mogą wpłynąć na końcowy efekt. Wybierając dodatki, powinnaś być tak samo uważna jak przy doborze ubrań podstawowych, ale pamiętaj również o przyjemności, która się z tym wiąże — postaraj się zrelaksować i czerpać z tego radość.

Ach, te dodatki

Jeśli nie masz wprawy w zestawianiu ubrań, zacznij od założenia podstawowego elementu stroju: niebieskiej dżersejowej sukienki albo zielonego swetra z dekoltem w serek i dżinsów, a dopiero potem zastanów się, jak mogłabyś ten strój upiększyć za pomocą dodatków: szali i/lub biżuterii (za moment napiszę więcej na ten temat). Robiąc zakupy, unikaj wzorzystych tkanin, wybieraj proste, gładkie, twarzowe ubrania. Tego rodzaju rzeczy są idealnym punktem wyjścia do tworzenia ciekawych stylizacji. Nie obawiaj się, że szybko się znudzisz, mając do dyspozycji tylko proste, gładkie stroje. Jest wiele sposobów, by je urozmaicić za pomocą dodatków.

Powiedzmy, że masz na sobie niebieską sukienkę z dżerseju. Sukienka ma okrągły dekolt, krótkie kimonowe rękawki i korzystną dla ciebie długość. Jednego dnia możesz ją przyozdobić żółtym szalem i włożyć jasnobrązowe espadryle. A zakładając ją ponownie w ciągu tygodnia, zmień buty na czerwone balerinki i nie zapomnij o krótkim złotym naszyjniku. Jeśli wybierasz się na randkę, włóż jasnobeżowe buty na wysokim obcasie i lekki wzorzysty kardigan. Jak widzisz, możliwości jest bardzo wiele właśnie dlatego, że sukienka jest „neutralna" i trudno popełnić stylistyczną pomyłkę.

Buty

> Buty widzą wszystko;
> przed nimi nic nie da się ukryć.
>
> Alexander McCall Smith,
> *The Double Comfort Safari Club*

Buty można uwielbiać albo nie. Jeśli zaliczasz się do tej drugiej grupy, namawiam cię, byś się nimi mimo wszystko zainteresowała. Nie znaczy to, że masz zostać drugą Carrie Bradshaw i tracić fortunę na buty marki Manolo Blahnik. Uważam jednak, że powinnaś zacząć zwracać uwagę na to, co wkładasz na nogi. Zawsze staraj się przedkładać jakość nad ilość. To bardzo ważne, żeby mieć czyste, eleganckie buty. Z moich wieloletnich doświadczeń, popartych tym, że mój mąż pracuje w branży obuwniczej i współpracuje z różnymi europejskimi fabrykami, wynika, że lepiej jest mieć kilka porządnych par butów wysokiej jakości, które są wygodne, świetnie leżą i posłużą dłużej niż jeden sezon, niż dziesiątki, jeśli nie setki butów gorszej jakości wypełniających wszystkie półki w garderobie.

Pierwsze luksusowe buty, jakie sobie kupiłam, były marki Ferragamo. Miałam wtedy dwadzieścia kilka lat i uznałam, że nie chcę nosić tanich butów, które szybko się rozpadają i wyglądają na podniszczone już po kilku założeniach. Wiedziałam, że raz w roku firma organizuje wyprzedaże. Czekałam zatem na wyprzedaż i w określonym dniu pojechałam swoim autkiem do Beverly Hills, żeby sprawdzić ofertę. Kiedy weszłam do sklepu, poczułam się bardzo onieśmielona. Wszystko było tam takie ładne i tak okropnie drogie! Niezupełnie czułam się tam u siebie. Bardziej byłam przyzwyczajona do znacznie tańszych sklepów sieciowych takich jak Payless ShoeSource. Jednak sprzedawca okazał się niezwykle uprzejmy i życzliwie nastawiony, odważyłam się więc przymierzyć parę zamszowych jasnobrązowych czółenek na niskim obcasie. Był to ten rodzaj butów, co do których miałam pewność, że nigdy nie wychodzą z mody. Mogłam je nosić zarówno na spotkania biznesowe, jak i na wieczorne wyjścia. Gdy je założyłam i przeszłam się w nich po wyłożonej dywanem podłodze, buty okazały się nadzwyczaj wygodne. Upust od ceny detalicznej wynosił 40%. Dałam się uwieść.

Od tamtej pory minęło osiem i pół roku, a ja nadal mam te czółenka. Wciąż w nich chodzę, i to regularnie. Raz oddałam je do podzelowania i nigdy nie sprawiły mi zawodu. Bardzo o nie dbam — przechowuję w specjalnym worku na obuwie i staram się je chronić przed deszczem. Z całą pewnością warto było za nie zapłacić paręset dolarów. Dobrze mi służą od tylu lat, a gdybym się na nie wtedy nie zdecydowała, tylko wciąż kupowała coraz to inne tanie buty, w sumie straciłabym znacznie więcej pieniędzy.

Klasyczne buty, w które warto zainwestować:

Czarne czółenka
(zamszowe, skórzane, mogą być lakierowane)

Jasnobrązowe lub beżowe czółenka
(zamszowe, skórzane, mogą być lakierowane)

Czółenka na niskim obcasie
(na bardziej tradycyjne okazje lub jeśli masz być na nogach cały dzień — większość butów mam na niskim obcasie)

Czarne skórzane kozaki
(wysokość obcasa zależy od twoich upodobań)

Brązowe skórzane kozaki

Balerinki

Mokasyny do prowadzenia samochodu
(są niesamowicie wygodne i pięknie się prezentują)

Kalosze

Buty na specjalne okazje
(wybierz coś neutralnego, w srebrnym lub złotym kolorze — takie buty będzie łatwo zestawić z różnymi strojami wieczorowymi)

Sandałki z paseczkami, na obcasie
(na letnie wieczory)

Słowo na temat sandałów

Ponieważ mieszkam w południowej Kalifornii, stałam się miłośniczką płaskich sandałów. Wiem, że muszę kupować jedną lub dwie pary na rok, i buty te najprawdopodobniej nie wytrzymają dłużej niż jeden sezon, ponieważ chodzę w nich na plażę, do parku i w wiele innych miejsc. Wiem, że mogłabym kupić luksusowe, drogie sandały dobrego gatunku, ale świadomie wybieram te ze średniej półki, które będą wygodne, ale posłużą krócej niż inne buty z mojej garderoby. Musisz przekonać się, co się najbardziej sprawdzi w twoim wypadku i utrzymywać obuwie w czystości, by możliwie długo wyglądało ładnie. Jeśli nosisz buty bez palców, pamiętaj, żeby twoje stopy były zadbane i pięknie się prezentowały.

Zapewne nie zdołasz zaopatrzyć się od razu w buty wszystkich typów. Być może okaże się, że któregoś roku będziesz mogła pozwolić sobie tylko na jedną lub dwie pary. Nic nie szkodzi. Zachowaj samodyscyplinę i nie daj się skusić podszeptom, by kupić je wszystkie za jednym podejściem, płacąc kartą kredytową. Zdecyduj się raczej na klasyczny fason, który będzie można wykorzystać na różne okazje. Najlepiej kup czarne zamszowe czółenka, które będziesz mogła założyć, by wygłosić prezentację w pracy, ale także do teatru czy na uroczysty obiad. Buty o klasycznym fasonie najłatwiej jest zestawić z różnymi elementami garderoby.

Jeśli na twoich butach pojawią się ślady zużycia, powinnaś spróbować oddać je do regeneracji, a gdy już im się nie da pomóc, lepiej je wyrzucić. Nie ma nic gorszego niż chodzenie w sfatygowanym obuwiu, bo wtedy cały wysiłek włożony w kreowanie dobrego wyglądu pójdzie na marne. Znana redaktorka magazynu „Vogue", Diana Vreeland, słynąca z wielkiej dbałości o obuwie, powiedziała kiedyś: „niewypolerowane buty to koniec cywilizacji".

Madame Chic nosiła klasyczne buty dobrej jakości i miała ich tylko kilka par. Nigdy nie zakładała szpilek, bo wolała chodzić w czółenkach na niskim obcasie. Na co dzień nosiła eleganckie skórzane płaskie buty, zwykle ozdobione sprzączką. Według „Daily Mail" angielska królowa Elżbieta II od pięćdziesięciu lat chodzi w butach utrzymanych w tym samym stylu. Buty, ręcznie robione przez firmę Anello & Davide z Kensington, są bardzo luksusowe i kosztowne, ale wydatek z pewnością się opłaca. Królowa bardzo o nie dba i regularnie oddaje do naprawy, ilekroć wymagają tego obcasy. Elżbieta II ewidentnie nie przejmuje się trendami i jeśli chodzi o eleganckie buty, nie próbuje odkrywać Ameryki. Kate, księżna Cambridge, postępuje podobnie. Wiele już napisano o tym, że do jej ulubionych butów należą beżowe lakierowane czółenka na wysokim obcasie marki L.K. Bennett, które są rzeczywiście ładne. Księżna jest praktyczna i wie, że ten neutralny kolor obuwia będzie współgrał z wieloma ubraniami. Innymi słowy, klasyczny design jest ponadczasowy.

Apaszki i szale

Zawsze gdy przyozdobisz strój apaszką, od razu poczujesz się bardziej elegancka. Zanim wyjechałam do Paryża, by zamieszkać z Madame Chic, miałam jedynie obszerny szal z polaru, który zakładałam rano, gdy chodziłam na próby zespołu. Po przyjeździe do Paryża od razu zauważyłam, że Francuzki potrafią wiązać szale w sposób artystyczny, nie tylko dla ochrony przez zimnem, ale też po to, by wyglądać oryginalnie i dodać sobie szyku.

Jeśli mieszkasz w chłodnym klimacie, będziesz potrzebowała małego zestawu szali, by nosić je na zmianę. Jeśli jesteś z cieplejszego rejonu świata, możesz traktować apaszki przede wszystkim jako elegancką ozdobę. Istotne jest, że wcale nie będziesz potrzebowała wielu apaszek, wystarczy, jak nauczysz się je wiązać na różne sposoby.

Sposoby wiązania szali i apaszek

LE SIMPLE: Złóż szal na pół (z jednej strony równo złożone oba końce, z drugiej powinno powstać coś w rodzaju pętli). Załóż szal na szyję, przełóż przez pętlę oba końce i zaciągaj szal tak długo, aż wiązanie znajdzie się pod szyją. *C'est simple!*

LE PARISIAN: Rozłóż apaszkę, a następnie nadaj jej formę prostokąta i trzymaj przed sobą na wysokości szyi. Jeden koniec owiń wokół szyi zgodnie z ruchem wskazówek zegara, a drugi w przeciwnym kierunku. Następnie oba końce zwiąż, jeśli trzeba, to nawet dwukrotnie. Popraw i wyrównaj tak, by apaszka ładnie się prezentowała.

LE GYPSY: Złóż apaszkę w duży trójkąt. Skieruj wierzchołek trójkąta w dół, a końce apaszki owiń wokół szyi, tak by zeszły się z przodu. Zwiąż je razem albo na apaszce, albo pod nią i nadaj całej stylizacji bardziej fantazyjny charakter (powinno powstać coś w rodzaju śliniaczka).

L'ARTISTE: Postaraj się wyglądać tak, jakbyś przed chwilą wyszła z pracowni. Wybierz obszerny szal i owiń go wokół szyi — jeden koniec zgodnie z ruchem wskazówek zegara, a drugi w przeciwną stronę. Końcówki utkaj pomiędzy fałdami szala tak, by je ukryć. Takie ułożenie szala spowoduje, że szyja wyda się dłuższa, a cała stylizacja nada ci beztroski, niefrasobliwy wygląd.

LE LADY: Złóż apaszkę w trójkąt. Okryj nią ramiona jak chustą. Końce zwiąż z przodu dwukrotnie i pozwól apaszce pięknie ułożyć się na ramionach. Często wiążę apaszkę w ten sposób, gdy mam na sobie dżinsy i T-shirt, by nadać swobodnemu strojowi trochę elegantszy wygląd.

L'INFINITY: Jeśli nie masz szala typu komin — z połączonymi końcami — możesz sobie taki zrobić. Wystarczy związać ze sobą końce w mały węzeł, tak by powstało duże koło. Owijamy szal dwukrotnie wokół szyi i ukrywamy supeł.

LE TWIST: Rozwiń szal na całą długość, a potem skręć go w rulon. Następnie, tak jak to było opisane w *Le Simple*, złóż szal na pół, załóż na szyję i przeciągnij oba złożone końce przez powstałą pętlę.

LE BUTTERFLY: Załóż szeroki cienki szal i zrób z przodu węzeł na wysokości szyi. Następnie chwyć zewnętrzne końcówki szala i zwiąż je ze sobą na karku w mały węzeł. Z przodu powstanie coś na kształt motylich skrzydeł. Następnie wsuń krótszą część szala pod dłuższą i udrapuj, tak jak lubisz.

Torebka z klasą

Dobrze jest raz na tydzień przejrzeć torebkę i usunąć z niej wszystkie zbędne rzeczy. Zbyt ciężka torebka źle wpływa na twoją postawę. W ciągu tygodnia z reguły zdąży się w niej nazbierać sporo drobiazgów: nawilżane chusteczki kosmetyczne, para dziewczęcych skarpetek, czytnik, stare paragony sklepowe, drobne monety, trzy rodzaje błyszczyków do ust, słuchawki. Tak, tak, to wszystko tam jest. A oprócz tego okruszki, różne patyczki (nie pytajcie mnie skąd), długopisy bez zatyczek. Jeśli będziesz systematycznie porządkowała swoją torebkę, nie będziesz musiała nerwowo przeszukiwać jej, aby znaleźć dzwoniącą komórkę (to nie jest *chic*). Pod ręką zawsze powinny być rzeczy istotne, takie jak klucze, portfel, telefon, drobne w portmonetce, miętowe cukierki na świeży oddech, chusteczki, puderniczka z lusterkiem, błyszczyk do ust i odkażający żel do rąk.

Biżuteria

Coco Chanel mawiała, że przed wyjściem z domu powinno się zdjąć coś z akcesoriów, żeby uniknąć wrażenia przeładowania. Biżuteria może stanowić idealne dopełnienie każdego stroju i dodać mu charakteru. Być może jesteś typem kobiety, która nosi wyłącznie niewielkie diamentowe kolczyki na wkręty i prosty naszyjnik, ale niektóre z nas wolą śmielszą, bardziej wyrazistą biżuterię. Bez względu na to, czy wolisz ozdoby bogatsze, czy bardziej stonowane, pamiętaj, żeby nie zakładać ich zbyt wiele. Przed wyjściem z domu przypomnij sobie mądrą radę Chanel. Dopasowywanie biżuterii do stroju może sprawić dużo frajdy, ale pamiętaj, żeby nie przesadzić.

Piżamy

Wiesz, co teraz powiem. Powiedzmy to razem: „Stroje do spania powinny być eleganckie!". Naprawdę jest w czym wybierać: koszulki nocne na ramiączkach, klasyczne koszule nocne, piżamy zapinane na guziki, piżamy o kroju sportowym i wiele innych typów bielizny nocnej. Poprzez piżamę również można wyrazić swój styl. Uwielbiam to robić! Lubię bieliznę elegancką i gustowną, także wtedy, gdy idę spać, dlatego raczej nigdy nie zobaczycie mnie w kombinezonie z reniferem. Latem z reguły noszę koszulki nocne na ramiączkach, a zimą piżamy zapinane na guziki. Gdy wstaję z łóżka, zawsze narzucam na siebie peniuar albo szlafrok (więcej na ten temat w następnej części). Staram się kupować eleganckie szlafroki dobrej jakości, które posłużą na długo. Nową koszulkę nocną kupuję nie częściej niż raz w roku. Bieliznę piorę, korzystając z programu do delikatnych rzeczy, a potem rozwieszam, by wyschła. Mój styl nie musi ci odpowiadać. Być może tobie bardziej się podoba zmysłowe body na ramiączkach albo zapinana na guziki piżama w kolorze ostrego różu z nadrukiem wieży Eiffla. Bez względu na to, jaki masz styl, spróbuj dać mu wyraz także poprzez odpowiedni dobór bielizny nocnej!

Dlaczego elegancki strój do spania jest taki ważny? Ponieważ chcesz być kobietą z klasą i zależy ci, aby dobrze się prezentować przez cały czas, zarówno w dzień, jak i w nocy. Tak, nawet wtedy, gdy śpisz! Musisz spróbować wyrosnąć z dawnego niedbałego stylu, któremu hołdowałaś jako nastolatka czy studentka, z upodobaniem nosząc bokserki i obszerne T-shirty z nadrukami ulubionych zespołów muzycznych. Naturalnie twoje piżamy nadal mogą być zabawne, ale przede wszystkim powinny świadczyć o szacunku, jaki żywisz dla samej siebie. Eleganckie piżamy to kolejny element, który pozwala ci prezentować się z klasą. Dbałość o strój do spania pokazuje, że twoje podejście do kwestii klasy jest właściwe — nie chodzi ci o imponowanie innym ludziom, lecz o zmianę stylu życia.

Szlafrok

> Hrabia Grantham: Niewiele brakowało, a pojawiłbym się dzisiejszego wieczoru w smokingu.
> Hrabina wdowa: Och, naprawdę? A dlaczegóż by nie w szlafroku? Albo jeszcze lepiej — w piżamie?
>
> *Downton Abbey*

Ostatnio obejrzałam z moimi córkami *Nowe przygody Pippi Langstrumpf* (1988). Wychowałam się na tym filmie i oglądanie go po latach przyniosło mi tyle wspomnień! Uśmiechałam się, kiedy dwoje dzieci mieszkających po sąsiedzku z Pippi, Tommy i Annika, usłyszało pewnej nocy hałasy dobiegające z jej domu i postanowiło tam zajrzeć. Po cichu wyskoczyli z łóżek, żeby wymknąć się niepostrzeżenie i sprawdzić, co się dzieje. Co mnie w tej scenie rozśmieszyło? Otóż rodzeństwu przed wyjściem chciało się narzucić na piżamy szlafroki.

Szlafrok albo podomka to taki rodzaj garderoby, który pozwala zgodnie z zasadami etykiety ukryć piżamę, a przy tym wyglądać elegancko. Zwyczaj noszenia szlafroka może się dziś wydawać nieco passé, zwłaszcza kiedy w modę weszło paradowanie w miejscach publicznych we flanelowych spodniach od piżamy. Nie dalej jak wczoraj widziałam w mieście kobietę, która szła chodnikiem w piżamie. To naprawdę osobliwe zjawisko. Nie sprawiała wrażenia, że została w piżamie, bo zatrzasnęły jej się drzwi albo że wybiegła z domu, uciekając przed pożarem. Wyglądało na to, że po prostu wyruszyła załatwiać swoje sprawy w… piżamie. Naprawdę nie potrafię sobie wyobrazić, bym wyszła na miasto w ubiorze do spania. Dla mnie byłoby to doświadczenie dość koszmarne, zupełnie jakbym poszła na zakupy i nagle uświadomiła sobie, że zapomniałam włożyć spodnie.

W przedszkolu, do którego zaprowadzam córki, raz w roku organizowany jest „dzień piżamowy". Obie moje latorośle go uwielbiają, bo jest to zupełnie nowe doświadczenie, kiedy mogą zaprezentować piżamy wszystkim swoim przyjaciółkom. Kiedy odprowadzałam córki w tym dniu z przedszkola do domu, natknęłyśmy się po drodze na kobietę spacerująca z psem, która skomplementowała strój dziewczynek. Moja starsza córka z dumą wyjaśniła, że właśnie obchodzą w przedszkolu „dzień piżamowy". A potem na chwilę zapadła cisza i córka zadała nieznajomej pytanie: „A czy pani też ma dzisiaj dzień piżamowy?". Dobrze zgadłyście — kobieta w środku dnia przechadzała się po ulicy w piżamie. Nie wiedziałam, jak wybrnąć z tej niezręcznej sytuacji — przekazałam damie życzenia miłego dnia i już nas nie było. Noszenie podomki to postawa dokładnie odwrotna do tej, którą przed chwilą opisałam, czyli paradowania po mieście w piżamie. Kobieta z klasą ukrywa piżamę pod szlafrokiem i robi to tak, by zachować elegancję.

Szlafroki mają dwie funkcje: chronią przed zimnem i pozwalają wyglądać przyzwoicie. Madame Chic zawsze nosiła podomkę. Zimą zakładała pikowaną, zapinaną na zamek, latem natomiast lżejszą, podobną do kimona. Naprawdę nigdy nie pokazała mi się w piżamie, ponieważ byłoby to zwyczajnie niestosowne!

Jeżeli nosisz mocno roznegliżowaną bieliznę z przezroczystego cienkiego materiału, zawsze nakładaj na wierzch szlafrok. Dzieci z pewnością nie będą chciały oglądać swojej mamy w seksownej koszulce nocnej. Ani goście. Jeśli nocujesz u kogoś, zawsze powinnaś mieć ze sobą szlafrok, by móc się nim okryć, gdyby ktoś chciał wejść do twojego pokoju albo gdyby trzeba było przejść przez korytarz do łazienki.

Wyjątek stanowią piżamy zapinane na guziki albo te, które przypominają strój domowy. Ale nawet na taką nie zaszkodzi zarzucić szlafrok. Będziesz się po prostu lepiej czuła, wyruszając o północy do kuchni w poszukiwaniu przekąski.

Nie trzeba mieć zestawu szlafroków — wystarczy jeden lub dwa. Jeśli będziesz miała na sobie ładną bieliznę nocną, szlafrok będzie idealnym dopełnieniem stroju.

Co nosić na specjalne okazje

Mieć klasę to znaczy być stosownie ubraną na każdą okazję. Gdy masz odpowiedni strój, czujesz się pewnie i swobodnie. Poniżej znajdziesz kilka porad dotyczących ubiorów na specjalne okazje.

Zwiedzanie Paryża (lub innego miasta)

Prawdopodobnie wyjeżdżasz na wakacje w lecie, gdy jest gorąco. To oczywiste, że chciałabyś mieć na sobie coś wygodnego, ale pamiętaj, że nie idziesz na plażę. Będziesz gościem w obcym mieście, które uważane jest za kulturalną stolicę świata. Osoba z klasą okazuje szacunek poprzez noszenie stosownego stroju. Pamiętaj o wygodnych butach do chodzenia. Jeśli najbardziej lubisz tenisówki, załóż je, ale weź pod uwagę, że jest wiele płaskich butów, które są równie wygodne, dobrze się w nich chodzi, a na dodatek doskonale się prezentują. Japonki nie są odpowiednim obuwiem do chodzenia po mieście. Najdalej po godzinie będziesz miała brudne stopy. Unikaj też T-shirtów, zbyt krótkich spodenek, trampek, saszetek na pasku i bejsbolówek. W upalny dzień ładna sukienka albo dobrze skrojone szorty i przewiewna bluzka będą równie wygodne, a bardziej szykowne. Nie zdziw się, jeśli wezmą cię za miejscową i zaczną rozmawiać z tobą po francusku! Pamiętaj, żeby zawsze zabierać ze sobą takie ubranie, które można nosić warstwowo, na wypadek gdyby przyszło ci spędzić na dworze cały dzień przy zmiennej pogodzie. Ciesz się tym, że twój strój jest równie komfortowy, jak modny. Sprawdź, jak ubierają się rodzimi mieszkańcy miasta i spróbuj przejąć coś z ich stylu dla siebie! Zawiąż szal podobnie jak napotkana paryżanka albo narzuć sweter na ramiona tak jak ta elegancka Włoszka, którą minęłaś. Stare przysłowie mówi, że w Rzymie powinniśmy się zachowywać jak rzymianie, ale tak naprawdę dotyczy to pobytu w każdym mieście — zawsze należy się starać szanować miejscowe obyczaje i próbować przejąć z nich coś dla siebie, na przykład lokalny styl ubierania się.

Na wesele

Zgodnie z tradycją na wesele nie powinniśmy ubierać się na biało, chyba że tak zaznaczono w zaproszeniu lub wynika to z obowiązującego miejscowego zwyczaju. Z pewnością zawsze przy takich okazjach sprawdzi się elegancka gustowna sukienka, która nie będzie zbyt wydekoltowana ani za krótka. Można założyć również kapelusz lub stroik, stosownie do okoliczności. Dobierając buty, weź pod uwagę miejsce uroczystości. Jeśli wesele ma się odbywać, na przykład, na plaży lub w ogrodzie, pewnie lepiej będzie nie zakładać szpilek. Poniżej zamieszczam miniprzewodnik, który pomoże ci zrozumieć weselny *dress code*:

Strój formalny lub półformalny. Możesz włożyć elegancką długą suknię wieczorową albo gustowną suknię koktajlową. Wieczorowy makijaż i wyrazista biżuteria są jak najbardziej na miejscu.

Strój koktajlowy. Wybierz sukienkę koktajlową w ciemniejszych kolorach, jeśli uroczystości będą odbywać się wieczorem, a w jaśniejszych, jeżeli w ciągu dnia. Wysokie obcasy, starannie dobrana biżuteria i fryzura dopełnią eleganckiego wyglądu.

Elegancki ubiór w swobodniejszym stylu. Odpowiednia będzie sukienka koktajlowa lub kostium, a także spódnica z szykowną bluzką i wysokie obcasy. Staraj się nadać swojemu strojowi bardziej odświętny charakter przez specjalne upięcie włosów — może to być gustowny kok albo hollywoodzkie fale w stylu retro.

Ślub na plaży. Styl boho będzie tu jak najbardziej na miejscu — letnia sukienka na ramiączkach albo sukienka maxi i płaskie sandały. Włosy możesz rozpuścić lub też część z nich zebrać z tyłu głowy, a resztę pozostawić rozpuszczoną i wpiąć kwiaty. Makijaż powinien być naturalny, odpowiedni na dzień.

Strój swobodny. Nawet jeśli ślub i wesele nie mają charakteru formalnego, należy jakoś podkreślić specjalny charakter tej okazji. Odpowiednie będą: letnia sukienka na ramiączkach, bardziej sportowy kostium (spódnica lub spodnie) i gustowny makijaż.

Na pogrzeb

Stosowne kolory to czarny, granatowy lub jakiś inny ciemny. Z całą pewnością strój nie powinien być wyzywający, lecz godny i świadczyć o szacunku dla zebranych. Nie należy zakładać niczego krzykliwego, wybierać głębokich dekoltów czy krótkich spódniczek. Dżinsy również nie będą odpowiednie. Obowiązuje bardziej tradycyjny wygląd.

Do teatru

Spektakl, na który się wybierasz, został z pewnością przygotowany z artyzmem i pieczołowitością, dlatego twój strój również powinien być starannie dobrany do okazji i wyrażać szacunek dla twórców. Niezależnie od tego, czy idziesz na przedstawienie, balet, operę czy koncert symfoniczny, zawsze powinnaś być odpowiednio ubrana. Na pewno poczułabyś się nieswojo, wkraczając do Dorothy Chandler Pavilion, jednego z imponujących budynków Centrum Muzycznego Los Angeles, w japonkach i krótkich wystrzępionych spodenkach (mam nadzieję, że w ogóle takich nie masz w swojej szafie!). Dobierając strój, polegaj na intuicji. Jeżeli udajesz się na premierowe przedstawienie baletowe, załóż coś elegantszego niż na spektakl do miejscowego domu kultury. Jednak zawsze próbuj nadać swojemu strojowi bardziej odświętny charakter. Jeżeli udajesz się na jakąś imprezę kulturalną bezpośrednio po pracy, pomaluj usta, udrapuj na ramionach szal albo zmień kolczyki. Postaraj się, aby twój zwykły strój zyskał pewien polot i zdradzał, że zamierzasz uczestniczyć w niecodziennym przedsięwzięciu. Warto, abyś miała w szafie kilka ubrań poza podstawowym zestawem, przeznaczonych specjalnie na wyjścia do teatru. Ewentualnie możesz obmyślić sobie kilka stylizacji, które pomogą ci bez większego trudu zmienić wygląd codziennych ubrań i nadać im bardziej wieczorowy, wyjściowy charakter. Dzięki temu nigdy nie będziesz stała przed szafą zakłopotana, zastanawiając się, co założyć. Pomyśl o tym wszystkim już na etapie planowania swojej garderoby, a być może zainspirujesz sama siebie do jeszcze częstszego uczestniczenia w wydarzeniach kulturalnych!

Na elegancką imprezę

Każda kobieta powinna mieć w szafie, poza podstawowym zestawem ubrań, jeden lub kilka eleganckich strojów przeznaczonych na specjalne wyjścia. Warto, by pojawiła się wśród nich tzw. mała czarna, która jest odpowiednia na wszelkie okazje, poczynając od wieczornej randki, a kończąc na premierowym spektaklu w teatrze. Przydałaby się też suknia z jedwabiu, idealna na wesela i różne jubileusze, a także ładna sukienka koktajlowa, którą można by założyć na świąteczny festyn. Jeśli często uczestniczysz w eleganckich spotkaniach, skompletuj sobie niewielki zestaw ubrań przeznaczonych specjalnie na takie okazje. Nie bój się wystąpić dwukrotnie w tej samej sukni. Bierz przykład z księżnej Kate, która często występuje w tych samych strojach, ale zmienia ich charakter za pomocą dodatków lub nowej fryzury. Jeśli śledzisz to, co robię w mediach społecznościowych, pewnie zdążyłaś zauważyć, że często pojawiam się w tych samych sukniach, tyle że inaczej wystylizowanych. Moja praca wymaga uczestnictwa w wielu oficjalnych imprezach — regularnie spotykam się z publicznością albo występuję w telewizji, komentując modę. Często też patronuję różnym wydarzeniom artystycznym, dlatego skromna kolekcja eleganckich wyjściowych sukien jest mi po prostu niezbędna.

O rajstopach

Rajstopy służą dwóm celom. Możesz je nosić po to, by poprawić estetykę nóg — wtedy powinny być w cielistym kolorze i wyglądać tak, jakby ich w ogóle nie było. Możesz też nosić rajstopy o większej gęstości, tzw. kryjące, które stają się wówczas ważnym dopełnieniem garderoby. Historia powstania rajstop jest bardzo długa. Przezroczyste rajstopy w kolorze „nude", czyli zlewającym się z odcieniem skóry, mogą zdziałać prawdziwe cuda. Maskują wszelkie niedoskonałości, takie jak szpecące siniaki, zadrapania czy dłuższe włoski i sprawiają, że skóra ma wyrównany koloryt, wydaje się jędrna i sprężysta. Któż nie chciałby mieć ładnych nóg? Zapomnij o rajstopach w stylu lat osiemdziesiątych, w brzydkich, niedopasowanych do ciała kolorach.

Obecnie w sklepach nie brakuje rajstop w kolorze „nude" i z pewnością uda ci się znaleźć taki odcień, który idealnie dopasuje się do kolorytu twojej skóry. Jeśli nie jesteś zwolenniczką rajstop przezroczystych w kolorze cielistym, możesz nosić przezroczyste lub kryjące czarne rajstopy i traktować je jako jeden z dodatków dopełniających całości stroju.

Jak szybko zmienić strój z dziennego na wieczorowy

Jeśli planujesz wieczorne wyjście bezpośrednio po długim dniu w pracy, dobrze jest mieć w zanadrzu kilka sztuczek, które w krótkim czasie pomogą ci zmienić charakter stroju z dziennego na wieczorowy. Wystarczy, że założysz inne dodatki. Oto kilka pomysłów:

Zmień baleriny na czółenka na wysokim obcasie. Dodatkowe buty możesz przynieść ze sobą w torbie albo trzymać zapasową parę w biurze.

Zmień biżuterię na coś bardziej „wieczorowego". Odśwież usta szminką lub użyj ciemniejszych cieni do oczu.

Zamiast skromnej apaszki załóż dekoracyjny szal spływający na ramiona.

Ubierz się do pracy w elegancką wizytową sukienkę, ale na wierzch załóż marynarkę lub kardigan. Gdy będziesz gotowa do wyjścia, po prostu zdejmiesz wierzchnią warstwę.

Ubranie to nie tylko okrycie — zawsze powinnaś to mieć na uwadze. Twój ubiór i, szerzej rzecz ujmując, twój styl powinny być dobrze przemyślane. Poprzez strój bardzo wiele mówimy otoczeniu na temat swojej osoby. Sposób, w jaki się ubieramy, zdradza stan naszego umysłu i podejście do życia. Jeżeli ubrania są niedbałe, my sami wydajemy się mało zadbani. Robimy złe wrażenie. Ale jeśli wypracujesz sobie nawyk starannego ubierania się, bez względu na okoliczności, i stworzysz własny, niepowtarzalny styl, to nie tylko będziesz wyglądała dobrze, ale zyskasz coś więcej, a mianowicie klasę.

Rozdział 4

Dbałość o wygląd

Aby dobrze wyglądać, trzeba o siebie dbać. Każdy, kto o siebie dba, komunikuje światu, że zasługuje na uwagę i troskę — nie tylko ze swej strony, ale i ze strony innych ludzi. Kobieta z klasą powinna przede wszystkim wyglądać czysto i schludnie. W naszym społeczeństwie dbałość o własny wygląd wydaje się sztuką coraz bardziej zapomnianą; wiele kobiet chodzi w starych powyciąganych dresach oblepionych psią sierścią, ma włosy w nieładzie i wiecznie poodpryskiwany lakier na paznokciach. Zapominają o czymś, co jest tak niezwykle ważne.

Dbanie o wygląd wymaga systematycznego przeprowadzania różnych zabiegów pielęgnacyjnych. Jeśli wykształcisz w sobie odpowiednie nawyki, zawsze będziesz wyglądała schludnie i bez zarzutu, nawet jeśli miałaś kiepski dzień albo mało spałaś.

Włosy

Jeśli chodzi o włosy, to nie tylko powinnaś znaleźć dla siebie odpowiednią fryzurę, jak najlepiej współgrającą z twoim stylem życia, ale również opracować dobry plan ich pielęgnacji. Jeżeli nie masz czasu, nie powinnaś fundować sobie długich loków ani przedłużać włosów. Jeśli twój styl życia pozwala na przeprowadzanie jedynie prostych, nieskomplikowanych zabiegów upiększających, spróbuj zastanowić się nad skróceniem włosów do jakiejś rozsądnej długości. Madame Chic nie mogła poświęcić zbyt wiele czasu na modelowanie włosów, nosiła więc bardzo krótki paryski bob. Podobnie jej córka. Jeśli twoje włosy nie mają tendencji do przetłuszczania się i nie wymagają częstego mycia, tak jak moje (myję włosy dwa razy w tygodniu), wtedy możesz zdecydować się na dłuższe włosy. Ja modeluję włosy dwa razy w tygodniu i robię to według ustalonego planu. Wypracowałam sobie również pewne techniki, które pozwalają mi zyskać na czasie, a jednocześnie mieć zadbane włosy. Czasem umieszczam na Instagramie wskazówki, „jak szybko ułożyć włosy, gdy mamy ciężki dzień". Porady te przydają się wszystkim kobietom.

Znasz swoje włosy lepiej niż ktokolwiek inny — lepiej nawet niż twój fryzjer. Poza tym wiesz, ile czasu możesz przeznaczyć rano na przygotowanie się do wyjścia, jak często musisz myć włosy, w jaki sposób lubisz się czesać i kiedy twoja fryzura prezentuje się najlepiej.

Bez względu na rodzaj włosów, zawsze powinnaś się starać, by wyglądały czysto i były starannie ułożone, tak by nie zasłaniały ci twarzy i oczu. Jeśli koloryzujesz włosy, ustal sobie dokładny grafik wizyt u fryzjera, aby nie chodzić z widocznymi odrostami. Co sześć, siedem tygodni włosy powinny być przycinane.

Na dni, kiedy brakuje ci czasu, nie czujesz się za dobrze albo masz po prostu bardzo zły nastrój, miej w zanadrzu kilka alternatywnych stylizacji włosów, które nie wymagają większego wysiłku. Na YouTubie znajdziesz mnóstwo takich instruktaży; ja również zamieściłam ich wiele na swoim kanale.

Kiedy nie wiesz, co zrobić, uczesz włosy na gładko dobrą szczotką. Szczotkowanie (pod warunkiem że nie masz naturalnie kręconych włosów), niezależnie od tego, czy będziesz potem nosić włosy rozpuszczone, związane w koński ogon czy upięte w prosty kok, zabiera bardzo mało czasu, a pozwala zaprezentować się z klasą.

Piękne fale — szybko i bez użycia suszarki

Gdy chcę uniknąć porannego suszenia włosów suszarką, zawsze uciekam się do pewnej metody: przed pójściem spać kilkakrotnie szczotkuję włosy, by były zupełnie gładkie i niesplątane. Potem spryskuję je niezbyt mocnym lakierem, splatam w dwa warkocze i zabezpieczam końce gumką, tak nisko, jak się da. Kładę się spokojnie spać. Po wstaniu z łóżka rozplatam warkocze i moje włosy układają się w piękne fale bez potrzeby modelowania suszarką.

Proste porady, jak ułożyć efektowną fryzurę:

- Zrób wyraźny przedziałek, ale w innym miejscu niż zazwyczaj. Rozczesz włosy grzebieniem lekko spryskanym lakierem. Zwiąż je w nisko osadzony koński ogon (ukryj gumkę, owijając wokół niej pasmo włosów, a jego koniec umocuj wsuwką) albo zwiń włosy w kok i ukryj sterczące końce. Jeśli zrobisz głęboki przedziałek, włosy nie powinny się wymykać.
- A jeśli już mówimy o wymykających się kosmykach, można je ujarzmić w następujący sposób: spryskaj lakierem szczotkę (przeznaczoną wyłącznie do tego celu) i przygładź nią sterczące niesfornie pasma. Jest to również bardzo dobry sposób na ułożenie pejsów.
- Jeszcze o częściowych upięciach (połączeniu spiętych włosów ze swobodnie opadającymi kosmykami). Zaczesz wierzchnią warstwę włosów do tyłu, odsłaniając twarz, a następnie skręć powstałe pasmo i umocuj na krzyż czterema wsuwkami. W razie potrzeby możesz spryskać włosy lakierem.
- Aby kitka nie zwisała smętnie z tyłu głowy, możesz ją zabezpieczyć wsuwkami. W tym celu zaczesz włosy do tyłu i zbierz w wysoki koński ogon. Przeciągnij włosy przez gumkę, a następnie od jej spodniej strony umieść dwie wsuwki obrócone pofalowanym grzbietem w dół, do wewnątrz, dzięki czemu kitka nie będzie opadać.

Paznokcie

Bez względu na to, czy malujesz paznokcie, czy nie, pamiętaj, aby przede wszystkim były czyste. Nie wszystkie kobiety lubią malować paznokcie, wiele z nas woli, aby były zadbane, lecz naturalne, i rezygnuje z lakieru. Jeżeli jednak lubisz mieć pomalowane paznokcie, odważ się robić manikiur samodzielnie w domu. Nawet jeśli stać cię na chodzenie do salonu kosmetycznego co tydzień, i tak warto wiedzieć, jak sobie poradzić, gdy lakier odpryśnie. Po pewnym czasie lakier nie wygląda już dobrze i zaczyna schodzić, wtedy bezpieczniej go zmyć. Lepiej nie nakładać w ogóle lakieru niż mieć poodpryskiwany. Jeśli pracujesz w dziale obsługi klienta albo w handlu, gdzie ręce są często wyeksponowane, zadbane paznokcie to po prostu konieczność. Jeżeli udajesz się na rozmowę w sprawie pracy albo chcesz wywrzeć dobre wrażenie na ludziach, przede wszystkim powinnaś mieć czyste paznokcie — pomalowane czy nie, to kwestia mniej istotna.

Dawniej miałam w zwyczaju robić manikiur i pedikiur wyłącznie w salonie. Jeździłam do kosmetyczki regularnie co dwa tygodnie. Wmówiłam sobie, że nie będę umiała tych zabiegów (a zwłaszcza pedikiuru!) wykonać sama w należyty sposób. Kiedy jednak byłam zmuszona szukać oszczędności w moim miesięcznym budżecie, pierwszą rzeczą, z której zrezygnowałam, były właśnie te dwa zabiegi. Zdumiałam się, kiedy obejrzałam na YouTubie filmik, w którym gwiazda telewizyjna Lo Bosworth przyznała, że nigdy nie korzysta z profesjonalnego manikiuru i pedikiuru, lecz zawsze wykonuje te zabiegi samodzielnie, nawet przygotowując się do występu na czerwonym dywanie! Czasami trzeba coś usłyszeć z ust innej osoby, żeby postawić sobie pytanie: A dlaczego, do licha, by nie spróbować? Jak wiadomo, praktyka czyni mistrza, dlatego teraz mogę wam z przyjemnością oznajmić, że moje zabiegi manikiuru i pedikiuru w niczym nie ustępują profesjonalnym.

Nawet jeśli nie malujesz paznokci, koniecznie o nie dbaj i niech to będzie dla ciebie sprawa najwyższej wagi. Nigdy nie pozwól, by paznokcie wyrosły zbyt długie albo żeby były nierównej długości. Gdy zachodzi potrzeba, powinnaś skrócić je cążkami, a następnie opiłować. Pilniczek warto mieć zawsze pod ręką, na wypadek gdyby któryś paznokieć się zadarł albo złamał. Dbanie o stopy wymaga regularnego ścierania zgrubień powstających na piętach i podeszwach. Aby pięty nie pękały, musisz codziennie wcierać w nie nawilżający krem do stóp; a przynajmniej raz w tygodniu, przed pójściem spać, powinnaś zastosować mocny regenerujący krem do stóp i założyć na noc grube skarpetki. Rano stopy będą nawilżone i miękkie.

Brwi

Chcesz odmienić swój wygląd w prosty i szybki sposób? Zadbaj o brwi! Gdy nadasz im czystą i piękną linię, twoja twarz będzie od razu wyglądała inaczej. Nadal nie rozumiem, jak to się dzieje, że po wyrwaniu kilku włosków uzyskuje się tak spektakularną zmianę, ale to działa! Gdy decydujesz się wyregulować brwi po raz pierwszy albo chcesz skorygować ich kształt po wielu latach nie do końca prawidłowo wykonywanych zabiegów, najlepiej skorzystaj z pomocy profesjonalisty. Trendy modowe ciągle się zmieniają. Przypomnij sobie cienkie, wysoko uniesione łuki brwiowe gwiazd kina niemego z lat trzydziestych i zestaw je z gęstymi brwiami Brooke Shields albo Cary Delevingne. Ja radziłabym nie nadawać brwiom zbyt cienkiej linii. Ładne, zdrowe, naturalnie wyglądające brwi stanowią efektowną oprawę dla twarzy i dodają jej wyrazu. Ponadto niekiedy zbyt intensywna depilacja włosków powoduje, że nigdy nie odrastają. No cóż, szkoda, że nie chcą równie skutecznie znikać z innych części naszego ciała (wiecie których).

Gdy chcesz nadać brwiom pożądany kształt, możesz posłużyć się trzema technikami: usuwać włoski pęsetą, nitką albo woskiem. Ja chodzę do salonu w pobliżu mojego domu, gdzie brwi reguluje się metodą nitkowania. Kosmetyczki z tego salonu są prawdziwymi ekspertkami! Moje brwi za każdym razem wyglądają wspaniale. Gdy siadam na fotelu, proszę tylko o „drobną korektę łuku”, a nie o „remont kapitalny”. Panie starają się nadać brwiom naturalny kształt i usunąć tylko te włoski, które wyrastają poza łukiem. Dobrze poprowadzona linia brwi nadaje twarzy schludny, estetyczny wygląd.

Jeśli decydujesz się sama przystąpić do regulacji brwi, ważne jest, byś umiała dobrze wyznaczyć początek i koniec łuku. W tym celu najlepiej posłużyć się kredką, którą umieszczamy w pozycji pionowej na wysokości oczu. Przyłóż ją do skrzydełka nosa tak, by jej koniec dotykał linii brwi. Ten punkt określa miejsce, gdzie powinna zaczynać się brew. Następnie przystąp do wyznaczenia wysokości łuku. Ponownie przyłóż kredkę do skrzydełka nosa, ale tym razem zakreśl nią okrąg, aż do momentu, kiedy przetnie tęczówkę oka (patrz prosto przed siebie). W miejscu, gdzie koniec kredki dotknie brwi, powinien znajdować się szczyt łuku. Wszystkie włoski, które znajdują się poniżej tego miejsca, należy usunąć pęsetą. Aby wyznaczyć koniec łuku brwiowego, znów przyłóż dolną część kredki do skrzydełka nosa, a następnie zakreśl nią okrąg, aż przetnie zewnętrzny kącik oka. W miejscu, w którym ukośnie ułożona kredka przetnie brew, znajduje się koniec łuku. Jeśli zdarzy ci się popełnić jakiś błąd, pozwól włoskom odrosnąć, a potem najlepiej udaj się do profesjonalistki, by przywróciła brwiom prawidłowy kształt.

Niechciane owłosienie

Zbędne owłosienie. Dla wielu kobiet jego usuwanie to prawdziwa zmora. Dlaczego owłosienie pod pachami, w okolicach bikini, włoski na nogach i nad górną wargą nie biorą przykładu z brwi i nie chcą odrastać równie wolno i opornie? Niestety nie chcą, dlatego musimy pomyśleć, w jaki sposób prawidłowo zadbać o te miejsca. Diabeł jak zwykle tkwi w szczegółach.

Obecnie istnieje wiele różnych sposobów pozbywania się niechcianego owłosienia: woskowanie, golenie, nitkowanie, rozjaśnianie, a nawet depilacja laserowa. Przy wyborze określonej metody powinnaś uwzględnić kilka rzeczy: możliwości finansowe, wytrzymałość na ból, a także długo- i krótkoterminowe skutki zastosowania danego sposobu depilacji. Ja wypróbowałam prawie wszystkie dostępne techniki i chociaż wygląda na to, że będę musiała odstąpić od zasady roztaczania wokół siebie aury tajemniczości, chętnie podzielę się z wami moimi spostrzeżeniami (wszystko w imię klasy, rzecz jasna). Osobiście przeprowadzam następujące zabiegi: golę nogi, nitkuję brwi, a jeśli chodzi o włoski nad górną wargą, pachy i bikini, stosuję depilację laserową. Te metody sprawdzają się w moim przypadku. Kiedyś korzystałam z depilacji woskiem w tych najbardziej uprzykrzonych miejscach, jak linia bikini, pachy i nad górną wargą, ale ponieważ zabieg był dość bolesny i zbyt często trzeba było go powtarzać, zdecydowałam się na laser. Chociaż metoda laserowa nie usuwa owłosienia na zawsze, to jednak może znacznie ograniczyć jego wzrost. W rezultacie wspomniane już niedogodności związane z usuwaniem zbędnego owłosienia są znacznie mniej odczuwalne. Golenie nóg przeprowadzam mniej więcej trzy razy na tydzień, przy użyciu golarki i pianki do golenia dla pań. Co trzy, cztery tygodnie chodzę na nitkowanie, żeby wyregulować kształt brwi.

Teraz znasz już wszystkie moje sekrety. Bez względu na to, jaką metodę wybierzesz, powinna być ona dla ciebie najbardziej satysfakcjonująca i nienadwyrężająca zbytnio twojego portfela.

Zęby

Ilekroć wyjeżdżam poza Stany Zjednoczone, słyszę uwagi na temat tego, że ktoś ma „amerykańskie zęby". „Co to są amerykańskie zęby?", zapytałam kiedyś, będąc w Anglii. „Proste, białe i lśniące" — padła odpowiedź. Cóż, uznałam to za komplement. Rzeczywiście, w Ameryce bardzo lubimy dbać o zęby. W młodości okropnie cierpiałam dla moich „amerykańskich zębów" — nosiłam aparat przez osiem lat z przerwami (!), żeby poprawić swoje krzywe, rzadkie i wystające zęby (teraz jestem rodzicom wdzięczna, ale wtedy wcale nie było mi do śmiechu). I chociaż miło jest mieć proste zęby, to z pewnością zęby wcale nie muszą takie być, żeby ładnie się prezentowały. Wystarczy, aby były czyste i zdrowe. Amerykańskie

Towarzystwo Stomatologiczne zaleca, by szczotkować zęby przynajmniej dwa razy dziennie i co wieczór czyścić nicią dentystyczną.

Jeżeli chcesz mieć perłowo białe zęby, na rynku jest wiele wybielaczy. Możesz skorzystać z tych dostępnych w drogeriach albo z kosztownych zabiegów profesjonalnych w gabinetach stomatologicznych. Ja staram się nie dopuszczać do tego, żeby moje zęby miały kontakt z napojami gazowanymi, winem albo kawą. Jeżeli, podobnie jak ja, masz skłonność do zgrzytania zębami lub wpychania języka między zęby podczas snu, może powinnaś zastanowić się nad płytką retencyjną zakładaną tylko na noc albo nawet na stałe, dzięki czemu zęby nie będą się kruszyć ani krzywić. Bez względu na to, jak wyglądają twoje zęby, uśmiechając się, nigdy nie bój się ich odsłaniać. Kobieta z klasą nie ukrywa swojego uśmiechu. Traktuje go przyjaźnie, bo uśmiech jest przecież znakiem życzliwości, którą obdarowujemy innych.

Zapach

Pachnieć czy nie pachnieć, oto jest pytanie. Ja jestem wielką zwolenniczką używania tych samych perfum, niekiedy zamiennie z jakimś innym zapachem. Perfumy takie stają się naszym znakiem rozpoznawczym. Moje ulubione perfumy to: Jo Malone *Blackberry & Bay* oraz *Stella*. Jeżeli chcę, aby zapach był delikatny i subtelny, używam jedynie perfumowanego balsamu do ciała. Jeśli zależy mi na mocniejszym zapachu, wówczas spryskuję się również perfumami. Albo rezygnuję wtedy z balsamu i ograniczam się do perfum. Perfumy są cudowną rzeczą i bardzo mnie ciekawi, jak to się dzieje, że ludziom podobają się określone zapachy. Tobie może podobać się zapach kwiatowy, a twojej przyjaciółce wyrazista woń cytrusów. Sąsiadka przepada za woniami drzewnymi i korzennymi, a twoja siostra woli zapachy świeżej zieleni. Jaka rodzina zapachów najsilniej do ciebie przemawia? Najprawdopodobniej polubisz ten zapach perfum, który jest najbardziej zbliżony do twojego indywidualnego stylu. Jeśli preferujesz styl romantyczny i kobiecy, pewnie wybierzesz aromaty kwiatowe z nutką róży i bzu. Jeżeli wolisz styl boho, może ci się spodobać woń paczuli, kolendry lub zapachy drzewne. Osoby, które preferują styl sportowy, mogą się zachwycić świeżą nutką cytrusów lub zapachami morskimi.

Jednakże, gdy używasz perfum, zawsze powinnaś pamiętać o ludziach wokół siebie. Jedna z moich przyjaciółek, aktorka, nie lubi zapachu perfum, ponieważ przyprawia ją o mdłości. Któregoś razu, podczas ceremonii rozdania nagród, udała się do toalety, gdzie inna aktorka stała przed lustrem i spryskiwała się perfumami. Gdy zobaczyła moją znajomą, natychmiast rzuciła się, żeby ją objąć, co było niewątpliwie bardzo miłe, tyle że moja biedna przyjaciółka do końca wieczoru odczuwała nudności, bo wbrew własnej woli miała na sobie zapach perfum tej drugiej aktorki.

Jeśli wiesz, że będziesz przebywać w pobliżu ludzi, w małych zamkniętych przestrzeniach — podczas wielogodzinnej jazdy samochodem, długiego lotu albo na przykład w klasie szkolnej — wówczas najlepiej byłoby w ogóle nie używać perfum, a jeśli już, to tylko bardzo lekkich. Nie wiem, czy Madame Chic miała jakieś swoje ulubione perfumy, bo nigdy nie stałam aż tak blisko niej, żeby to wyczuć. Niektórzy ludzie wylewają na siebie tyle perfum, że ich zapach wdziera się do pomieszczenia, jeszcze zanim oni sami tam wejdą! To naprawdę przesada. Należy pamiętać, że szybko przyzwyczajamy się do zapachu, który mamy na sobie, i po pewnym czasie przestajemy go wyczuwać, dlatego perfumy zawsze powinno się aplikować z umiarem.

Dobre obyczaje — perfumy i *les bébés*

Staraj się unikać ciężkich perfum, kiedy idziesz z wizytą do małego dziecka. Nierzadko goście, pełni najlepszych intencji, spryskują się obficie perfumami i nawet im nie przyjdzie na myśl, że intensywny zapach wody kolońskiej *Spicebomb* może przyprawić uroczego bobaska o atak kichania.

Makijaż

Jeśli chcesz być postrzegana jako osoba z klasą, powinnaś dokładać wszelkich starań, by zawsze prezentować się możliwie najlepiej i rzeczywiście m i e ć klasę. Nie powinnaś się ukrywać za jakąś sztucznie wykreowaną fasadą, zwłaszcza jeśli miałby nią być makijaż. Kobieta z klasą maluje się po to, by wydobyć swoje naturalne piękno i dodać mu blasku. I chociaż miło jest poeksperymentować z jakimś odważniejszym kolorem szminki albo cieniami pozwalającymi uzyskać efekt „smoky eyes", zawsze powinnyśmy pamiętać, by nie ukrywać swojego prawdziwego ja pod grubą warstwą makijażu. Podczas spotkania z kobietą, która ewidentnie ma klasę, w oczy rzuca się jej naturalność, pewność siebie, swoisty magnetyzm, który pociąga i sprawia, że inni dobrze się czują w jej towarzystwie. Kobiety z klasą nie mają powodu, by cokolwiek ukrywać.

Czy spotkałaś kiedyś wizażystkę, która miała na twarzy tak grubą warstwę makijażu, że nabrałaś obaw, czy jesteś w dobrych rękach? Kobieta z klasą, która dba o swój wygląd, powinna unikać tego, by makijaż był bardziej widoczny od niej samej. Żadna z nas nie chce być posądzana o niezdolność do krytycznej samooceny. Nie ma niczego złego w eksperymentowaniu z makijażem ani w próbowaniu nowych trendów. Pamiętaj jednak, jaki przyświeca ci cel: chcesz „podkreślić oczy", „uwypuklić kości policzkowe" lub „zwrócić uwagę na uśmiech". Eksperymentując z makijażem, miej to zawsze na uwadze. Nie bierzesz przecież udziału w konkursie piękności, tylko starasz się wydobyć swoje atuty. Najpiękniejsza jesteś wtedy, gdy zachowujesz naturalność. Nie pozwól, aby twoje oczy zagubiły się pod ekstremalnie wielkimi rzęsami lub by twój uśmiech przyćmiła przesadnie ciemna konturówka. Nie wpadaj w pułapkę wymyślnego konturowania twarzy w celu uwydatnienia kości policzkowych. Jeśli trzeba, zacznij uczyć się wszystkiego od początku i porzuć stare nawyki. By osiągnąć klasę, musisz ewoluować i zmieniać dawne, niewłaściwe przyzwyczajenia, bez względu na to, jak długo im hołdowałaś.

Madame Chic miała własną filozofię piękna, która polegała na *le no makeup look*. Chodzi o to, by nakładać makijaż szybko, bez wysiłku i dobrze się w nim czuć. Nie potrafię już zliczyć, ile razy podejście *le no-makeup look* bardzo mi pomogło. Kiedy jestem spóźniona, nie czuję się najlepiej albo moje plany ulegają zmianie w ostatniej chwili, potrafię szybko się zebrać i pewnie stawić czoło wszystkiemu, co niesie ze sobą dany dzień — właśnie dzięki temu, że rano poświęciłam kilka minut na zrobienie naturalnego, podkreślającego urodę makijażu. Oczywiście nie muszę się malować, by zachować pewność siebie, ale, podobnie jak ładne ubranie, makijaż dodaje mi chęci do działania.

Mój pięciominutowy *le no makeup look*

Po nawilżeniu skóry i nałożeniu filtru słonecznego, delikatnie nanoszę na twarz barwiący krem nawilżający, krem BB albo podkład, używając do tego palców lub specjalnej gąbeczki. Aby zamaskować sińce pod oczami, stosuję rozjaśniający korektor, potem staram się szybko zatuszować wszelkie niedoskonałości cery: wypryski i przebarwienia słoneczne — jeśli to konieczne, używam korektora kryjącego. Na koniec pudruję twarz. Puder kładę też na brwi. Używam tuszu w kolorze burgunda (jest to mój ulubiony tusz, bo najlepiej podkreśla zielony odcień moich oczu). Na kości policzkowe nakładam róż, a potem maluję usta błyszczykiem.

Cały zabieg trwa nie więcej niż pięć minut. Postaraj się wypracować taki pięciominutowy sposób malowania, który najlepiej sprawdzi się w twoim przypadku i pozwoli ci pięknie wyglądać. Zrób sobie zdjęcie przed i po nałożeniu *le no makeup*, a potem przeanalizuj różnicę. Zastanów się, czy warto stosować taki makijaż regularnie. Być może nigdy wcześniej nie nosiłaś makijażu i nie czujesz potrzeby, aby to zmieniać. Kiedyś studentka college'u zapytała mnie, czy powinna zacząć się malować, bo dotąd tego nie robiła. Powiedziałam jej, że nie musi się malować, dopóki nie poczuje takiej potrzeby. Niektóre kobiety mają wyraziste rysy twarzy i faktycznie nie potrzebują makijażu. Znam kilka takich. To prawdziwe szczęściary!

Oczywiście, jeśli mam więcej czasu albo ochotę na zmiany, mogę użyć cienia do oczu i kredki, zawsze jednak staram się pamiętać, by makijaż wyglądał naturalnie i nie był zbyt intensywny.

Ważne, by się dobrze czuć we własnej skórze, bo to istotny element *je ne sais quoi*, które charakteryzuje kobiety z klasą. Dbałość o skórę jest bardzo ważna (więcej na ten temat za chwilę), ale bez względu na to, jak bardzo będziesz się o nią troszczyć, niekiedy wiek, przebarwienia posłoneczne, zaburzenia hormonalne albo niedostatek snu dadzą o sobie znać. Dlatego powinnaś stosować podkład. Jeśli wybierzesz odpowiedni, możesz wyrównać koloryt skóry i ukryć mnóstwo defektów.

Różne rodzaje podkładów

Krem BB. Litery BB w nazwie krem BB to skrót od słów „beauty balm", czyli balsam piękności. Kremy BB są wielofunkcyjne i łączą w sobie wiele różnych pożytecznych cech. Kremy te stają się coraz popularniejsze wśród kobiet, ponieważ pozwalają zredukować do minimum liczbę zabiegów pielęgnacyjnych. Wiele kremów BB zawiera filtry przeciwsłoneczne, zapobiega starzeniu się skóry, nawilża ją, wygładza i wyrównuje koloryt. Kremy BB stosuję zawsze wtedy, gdy się spieszę albo mam przed sobą zwyczajny dzień.

Barwiący krem nawilżający. Jeśli nie lubisz mocnego podkładu, wystarczy, że nałożysz barwiący krem nawilżający. Krem delikatnie tuszuje niedoskonałości skóry i często zawiera filtr przeciwsłoneczny. Jednakże tym kobietom, które mają blizny lub ciemne przebarwienia, barwiący krem nawilżający może nie wystarczyć do wyrównania kolorytu skóry.

Fluid. Dla tych pań, których cera wymaga mocniejszego pokrycia podkładem, najodpowiedniejszy będzie stary poczciwy fluid. Istnieje wiele rodzajów fluidów, od lekkich po ciężkie i mocno kryjące. Wybór podkładu zależy od efektu, jaki chcesz osiągnąć. Na rynku są tysiące marek, dlatego na początku dobrze jest udać się do wizażystki, która najlepiej dopasuje podkład. Wówczas będziesz miała pewność, że fluid idealnie zleje się z kolorytem twojej skóry. Fluidu używam zawsze przed wyjściem na imprezę, przed sesją zdjęciową albo wtedy, gdy muszę dobrze się prezentować przez cały dzień.

Podkład mineralny. Podkład mineralny jest doskonały dla kobiet o wrażliwej cerze oraz tych, którym zależy, by kosmetyki zawierały wyłącznie składniki pochodzenia naturalnego. Podkład mineralny często występuje w formie pudru, sprawia, że skóra wygląda nieskazitelnie, i pozwala uzyskać efekt *le no makeup look.* Zwykle nanosimy taki podkład pędzelkiem.

Sposoby aplikacji

Zależnie od rodzaju podkładu, istnieją różne metody jego aplikacji. Można nanosić go palcami, pędzelkiem do makijażu, tradycyjną gąbeczką albo specjalną gąbką marki Beautyblender. Jeśli zdecydujesz się na beautyblender albo inny tego typu produkt, pamiętaj, aby przed użyciem zwilżyć aplikator. Następnie nałóż podkład punktowo na twarz i za pomocą beautyblendera rozprowadź go okrężnymi ruchami. Możesz też umieścić niewielką ilość podkładu na grzbiecie dłoni, delikatnie rozetrzeć go wilgotną gąbeczką, a potem przenieść na twarz. Kobiety, które są zainteresowane różnymi nowinkami technicznymi w dziedzinie nakładania makijażu, mogą skorzystać z aerografu, czyli metalowego pistoletu służącego do aplikowania makijażu metodą natryskową. Urządzenie to jest przeznaczone do użytku domowego i pozwala nanieść pokład w sposób idealny. Niewielką ilość podkładu umieszczamy w zbiorniczku i delikatnie rozpylamy na twarzy. Metoda ta umożliwia bardzo precyzyjne nałożenie podkładu, dzięki czemu skóra wygląda perfekcyjnie, nie powstają żadne nierówności i smugi. Ja stosowałam tę metodę przed występami w telewizji i sesjami zdjęciowymi — rezultaty były naprawdę zdumiewające! Aerograf wymaga jednak więcej zachodu, jeśli chodzi o konserwację i utrzymanie go w czystości — powinien być czyszczony po każdym użyciu. Natomiast pędzelki i gąbeczki wystarczy przemyć przeznaczonym do tego preparatem raz na kilka dni.

Utrwalanie podkładu

Bez względu na to, na jaki podkład się zdecydujesz, jeśli chcesz przedłużyć jego trwałość, zastosuj albo primer (rodzaj bazy, którą nakładamy pod podkład), albo utrwalający spray do makijażu, który nanosi się po nałożeniu podkładu.

Pielęgnacja skóry

Z całą pewnością rozmaite techniki makijażu, które nauczyłyśmy się stosować, sprawią, że twoja skóra będzie wyglądała nieskazitelnie. Niemniej jednak zawsze lepiej jest malować na płótnie doskonałej jakości. Dlatego powinnaś bardzo dbać o skórę. Jest cała masa czynników, które powodują, że skóra nie wygląda dobrze: stres, nieodpowiednia dieta, złe nawyki (papierosy, opalanie się), hormony, niedostatek snu, zbyt wiele kofeiny. Właściwie wszystko może mieć wpływ na twoją skórę! Dobra wiadomość jest taka, że kobieta, która podejmie trud pracy nad swoim wyglądem i stylem życia, będzie wiedziała, jak sobie radzić ze stresem w różnych nieprzewidzianych okolicznościach (więcej na ten temat w drugiej części książki). Możesz wierzyć lub nie, ale praca nad sobą, zarówno od wewnątrz, jak i od zewnątrz, z całą pewnością wpłynie na wygląd twojej skóry! Nie będziesz odczuwać pokusy, żeby jeść niezdrowe i tłuste produkty, bo zyskasz większą świadomość tego, co jesz. W ciągu dnia zwolnisz nieco tempo i będziesz się starała skupić na rzeczach istotnych. Nabierzesz większej pewności siebie i z wdziękiem poradzisz sobie w różnych nieprzyjemnych sytuacjach. Czynniki, które w przeszłości sprawiały, że twoja skóra była w kiepskim stanie, nie będą już problemem. Mimo to zawsze będziesz musiała pamiętać, że o skórę po prostu trzeba dbać!

Sprawdź, które zabiegi pielęgnacyjne są najlepsze dla ciebie i staraj się je regularnie stosować. Warto przestrzegać kilku podstawowych zasad: nie przesadzaj z oczyszczaniem skóry rano (ja tylko spłukuję twarz ciepłą wodą, potem nakładam krem nawilżający i filtr przeciwsłoneczny przed zrobieniem makijażu… i to jest moja najważniejsza porada dotycząca pielęgnacji skóry!), a wieczorem bardzo starannie zmyj makijaż. Ja używam w tym celu chusteczek oraz płynu do demakijażu oczu. Dopiero później przemywam twarz preparatem do oczyszczania skóry i robię peeling. Wybierz taki krem nawilżający, który jest najlepszy dla twojej cery, dobierz też odpowiedni krem pod oczy i balsam do pielęgnacji ust. Regularnie rób sobie zabiegi na twarz lub odwiedzaj w tym celu kosmetyczkę. Dużo wypoczywaj (przede wszystkim kładź się wcześnie spać!), pij wodę, głęboko oddychaj w stresujących sytuacjach i staraj się w ciągu dnia znaleźć czas, żeby się na moment wyłączyć i wyciszyć — to bardzo pomaga.

Właściwa pielęgnacja bardzo ci pomoże kształtować swoją prezencję. Gdy dbasz o siebie, komunikujesz światu, że traktujesz samą siebie z szacunkiem i tak też chcesz być postrzegana. Staraj się znaleźć czas na to, by troszczyć się o swój wygląd. Dbałość o dopracowanie szczegółów jest ważnym elementem budowania wizerunku kobiety z klasą.

Rozdział 5

ELEGANCKI SPOSÓB BYCIA

O naszej klasie świadczy to, jak się prezentujemy. Styl, strój, makijaż, dbanie o swój wygląd — to wszystko ważne elementy, które składają się na wizerunek. Ale jest jeszcze jeden czynnik, być może najbardziej istotny, który wpływa na to, jak jesteśmy postrzegane — sposób bycia. Ważne jest bowiem, jak się zachowujemy, poruszamy i jaką przyjmujemy postawę. Można się ubrać niezwykle stylowo, mieć najpiękniejszą fryzurę, a mimo to wyglądać niestosownie. Moja babcia lubiła w takich wypadkach mawiać: „z tyłu liceum, z przodu muzeum".

Postawa

Elegancja jest często mylnie utożsamiana z powierzchownością, modą, brakiem głębi. To poważny błąd: elegancja jest ludziom potrzebna, powinna się przejawiać w ich zachowaniu i postawie, jest ona bowiem tożsama z dobrym smakiem, życzliwością, równowagą i harmonią.

Paulo Coelho

Postawa to jeden z zewnętrznych czynników decydujących o tym, czy ktoś ma klasę. Swoją postawą manifestujemy, czego doświadczyłyśmy w ciągu dnia. Jesteś wykończona? Przytłoczona problemami? Zrezygnowana? Przygnębiona? Zalękniona? Nawet nie musisz nikomu mówić o swoich odczuciach. Twoja postawa wyraża wszystko — wystarczy na ciebie popatrzeć.

Gdy jesteś w trudnej sytuacji, zapewne zaczynasz się garbić. Kulisz ramiona i chowasz szyję. Twoje mięśnie wiotczeją. Gdy dostrzeżesz te zewnętrzne oznaki, potraktuj je jako sygnał ostrzegawczy i postaraj się odzyskać klasę. Napnij mięśnie. Spróbuj głęboko oddychać, aby rozładować napięcie. Opuść ramiona. Wysoko unieś głowę. Jeśli skorygujesz swoją postawę, zrozumiesz, czym jest klasa i jaką daje ci siłę. Znów będziesz mogła stawić czoło wszelkim trudnościom.

A co zrobić wtedy, gdy wadliwa postawa nie jest następstwem stresującej sytuacji, lecz po prostu nieprawidłowym nawykiem? Być może przesiadujesz przed komputerem przez kilka godzin dziennie i garbienie się jest dla ciebie czymś naturalnym. Kiedyś w szkole średniej grałam na saksofonie w orkiestrze dętej i występowałam w paradach. Pasek, do którego umocowany był ciężki saksofon, ciągnął mi szyję w dół. Minęło wiele lat, a ja wciąż muszę się pilnować, by nie zwieszać głowy.

Postanów sobie, że będziesz kontrolowała swoją postawę. Gdy siedzisz przy komputerze wiele godzin, koniecznie co jakiś czas wstań i wykonaj serię ćwiczeń — odchylaj ramiona do tyłu, by zapobiegać garbieniu się. Postaraj się wykształcić nawyk prostego siedzenia. Wszystkie czynności wykonuj w sposób świadomy. Kontroluj złe nawyki. Zaobserwuj, czy zmęczenie nie skłania cię do przyjmowania niedbałej postawy. Czy w wyniku stresu twój oddech nie staje się płytszy i czy nie kulisz ramion. Jeśli zauważysz u siebie takie złe przyzwyczajenia, weź głęboki oddech i spróbuj je zmienić.

Szczególnie ważne jest zachowanie prawidłowej postawy w czasie posiłku. Jedzenie smakuje wówczas lepiej. Spróbuj jeść obiad pochylona, ze ściśniętym żołądkiem. Nie będzie to przyjemne doświadczenie. Odniesiesz wrażenie, że żołądek to jama wypełniona breją. Wciąż przyłapuję samą siebie na garbieniu się przy stole. Zwykle, gdy zasiadam do posiłku, jestem bardzo zmęczona pracą, gotowaniem i sprzątaniem. Marzę tylko o tym, by opaść na krzesło, coś zjeść i choć trochę odpocząć. Jednak zachowanie prawidłowej postawy jest rzeczą najwyższej wagi. Gdy siedzimy prosto, jesteśmy bardziej świadome tego, co jemy oraz ile jemy. Nabieramy również chęci do kontaktów towarzyskich i rozmowy. Wyprostowana postawa wnosi element elegancji do spożywanego posiłku. A co najważniejsze, dajesz wtedy dobry przykład rodzinie, pokazujesz, jak jeść z klasą.

Nieoczekiwane pożytki płynące z prawidłowej postawy

Prawidłowa postawa pomoże ci dokonywać dobrych wyborów, poczynając od ubrań, które zakładasz rano i radzenia sobie z niesfornym dzieckiem, a kończąc na sposobie spożywania obiadu. Jeśli staniesz rano przed szafą, by wybrać strój, i zachowasz wyprostowaną postawę, raczej nie wciągniesz na siebie workowatych spodni od dresu. Będziesz wolała pięknie się ubrać, żeby dać wyraz swojemu nowemu stylowi życia. Także wtedy, gdy dziecko będzie się źle sprawowało, dzięki odpowiedniej postawie i prawidłowemu oddychaniu łatwiej zachowasz równowagę. Twoja postawa unaoczni ci, że jesteś osobą dorosłą i musisz rozwiązywać problemy w dojrzały, odpowiedzialny sposób. Wyprostowana sylwetka pomoże ci też nie podjadać serowych krakersów, bo uznasz, że to niestosowne. Wystarczy, że staniesz prosto — zdziwisz się, ile odniesiesz korzyści z tego tytułu.

Krótki poradnik, jak przyjmować dobrą postawę

Ćwiczenie to pomoże ci zrozumieć, dlaczego należy stać prosto. Wstań i przyjmij nieprawidłową postawę. Od razu zauważysz, że ramiona są skulone, broda opuszczona, brzuch sterczy, biodra są wypychane do przodu, kolana usztywnione, zapada się klatka piersiowa. Jeśli utrzymasz tę postawę przez dłuższy czas, odniesiesz wrażenie, że jakaś siła ciągnie cię w dół, jeszcze bardziej niż zazwyczaj. Ogarnie cię poczucie ciężkości i przytłoczenia.

A teraz spróbuj doświadczyć lekkości, jaką daje ci prawidłowa postawa.

Postaraj się wyprostować ramiona poprzez odchylenie ich do tyłu i na boki. Od razu poczujesz, jak klatka piersiowa się wypełnia. Unieś brodę i przyciągnij ją do siebie, prostując przy tym głowę — tak jakby ktoś pociągał za sznurek umocowany na środku głowy. Wciągnij brzuch. Odchyl lekko biodra. Wyprostuj plecy. Postaraj się rozluźnić ramiona i kolana — od razu poczujesz się lżejsza. Łatwiej ci będzie oddychać. Tyle zmian w jednej krótkiej chwili. Masz wrażenie, że możesz podbić cały świat! Wiem, że musisz pamiętać o wielu rzeczach. Ale jeśli nie zapomnisz o przyjmowaniu prawidłowej postawy każdego dnia, zaraz po wstaniu z łóżka, trzymanie się prosto szybko stanie się twoją drugą naturą. Wszelkie niedbałe pozy uznasz po jakimś czasie za po prostu niewygodne.

Ćwiczenie prawidłowej postawy

Przez resztę dnia staraj się kontrolować swoją postawę. Ta sprawa powinna być stale w centrum twojej uwagi. Do wyprostowanej postawy dodaj elegancki krok Grace Kelly. Zauważ, jak zmiana postawy pozytywnie wpłynie na inne sfery twojego życia. Początkowo możesz odnieść wrażenie, że twój nowy sposób poruszania się jest zbyt formalny, wymuszony i sztuczny, i tak naprawdę niewiele ma z tobą wspólnego. Twoje dawne nawyki wydadzą ci się bardziej naturalne. Mimo to postaraj się utrzymać prawidłową postawę aż do końca dnia.

Skłonność do podpierania się

Jednym z moich złych nawyków związanych z postawą jest ciągła chęć opierania się o różne sprzęty. Gdy gotuję przy blacie kuchennym lub staję przy okienku w banku, natychmiast mam ochotę się podeprzeć. Postaraj się wyeliminować tego typu zachowania i stój prosto; powiedz sobie, że masz dość siły, by to zrobić.

Piękna postawa — sekret baletnicy

Miałam wielką przyjemność spytać Allyssę Bross, solistkę Teatru Tańca w Los Angeles, na czym polega sekret pięknej postawy baletnic. Oto co powiedziała:

— Baletnice słyną z pięknej sylwetki i wiele osób sądzi, że to wynik ćwiczeń — odciągania do tyłu łopatek i trzymania idealnie prostych pleców. Jednak postawa to coś więcej niż tylko sposób, w jaki się stoi. To sposób poruszania się, ale także zachowania w różnych sytuacjach i w różnym otoczeniu. Postawa rodzi się wewnątrz i dopiero później emanuje na zewnątrz.

Kontrolowanie ciała i postawy zaczyna się od umysłu. Myśli wpływają na nasze czyny, ciało i sposób, w jaki się nim zajmujemy. Oto pięć praktycznych porad, które pomogą utrzymać prawidłową postawę:

1. Kochaj samą siebie.

2. Bądź pewna siebie.

3. Ćwicz (łatwiej jest utrzymać wyprostowaną postawę, gdy mięśnie są mocne i sprawne).

4. Unoś brodę do góry i miej wyciągniętą szyję.

5. Utrzymuj kontakt wzrokowy.

Sposób chodzenia

Przyjmij prawidłową postawę i idź na spacer. W jaki sposób się poruszasz? Czy kiedykolwiek wcześniej się nad tym zastanawiałaś? Idziesz krokiem zamaszystym czy raczej drobnym i pospiesznym? Masz w zwyczaju ciężko stąpać czy iść posuwistym krokiem? Ja zaliczam się do tej pierwszej kategorii i to jest mój naturalny sposób poruszania się. Ciężko stąpam, gdy chodzę po domu, kiedy wspinam się po schodach i gdy schodzę w dół. Ten ciężki chód wyraża wprawdzie determinację, ale pozbawiony jest gracji i wdzięku. Gdy idzie koń, słychać dudnienie. Ludzie nie powinni poruszać się w ten sposób. Kiedy zaczęłam zwracać uwagę na swoją postawę, zrozumiałam, że muszę przestać tupać i zacząć chodzić posuwistym krokiem. Kiedy idziesz tak, jakbyś płynęła, twoje stopy stają się lekkie, ruchy zgrabne, a sylwetka nabiera wdzięku. Można przecież poruszać się zdecydowanym krokiem, ale elegancko. Posuwisty krok dodaje stopom lekkości. Gdy chodzisz w ten sposób, nie przenosisz całego ciężaru na dolne partie ciała i nie walisz nogami w ziemię. Jeśli chcesz poruszać się z gracją, musisz pamiętać o wyprostowanej sylwetce i swobodnym, lekkim kroku. Dzięki temu dojdziesz tam, dokąd zmierzasz, a na dodatek będziesz się czuła tak, jakbyś sunęła po powierzchni wody, a nie opadała na dno.

Chodzenie w butach na obcasach

Poruszanie się z wdziękiem w butach na wysokich obcasach może być trudną sztuką. Wiele kobiet bardzo drobi krok i pochyla się do przodu, jakby miały lada moment stracić równowagę. Aby uniknąć takiej postawy, postaraj się stawiać najpierw piętę, a potem palce — nie odwrotnie. Mamy naturalną skłonność, by najpierw stawiać palce, ponieważ ta część stopy jest bliżej ziemi. Gdy najpierw postawisz piętę, twój krok zyska większą stabilność. Musisz pamiętać o zachowaniu prawidłowej postawy i jednocześnie lekko odchylać się do tyłu. Stawiaj krótsze kroki niż wtedy, gdy chodzisz w butach na płaskich obcasach, ale postaraj się iść wolniej. Poświęć chwilę na opanowanie sztuki poruszania się na obcasach, chodząc w takich butach po domu.

Jeśli chodzenie na wysokich obcasach zupełnie ci nie leży, zrezygnuj z takiego obuwia. Madame Chic nigdy nie chodziła w butach na wysokich obcasach. Jej najwyższe obcasy miały jakieś pięć centymetrów. Najczęściej nosiła buty na niewielkim, mniej więcej dwucentymetrowym słupku. Jeśli lepiej się czujesz w butach na niższym obcasie, wybieraj właśnie takie. W mojej małej kolekcji obuwia — właśnie z tego powodu — więcej mam butów na niskim obcasie niż na wysokim.

Jak zachowywać się w stosunku do innych

Postawa to nie tylko sylwetka, lecz również sposób bycia. Jak zachowujesz się w stosunku do innych? Czy ich ignorujesz? Osoba z klasą i dobrymi manierami akceptuje przyjęte normy społeczne, jest otwarta i zgodna.

Sposób bycia w miejscach publicznych

W miejscach publicznych powinno się pamiętać o następujących zasadach:

Pozdrawiaj uprzejmie sąsiadów — miłym słowem, skinieniem głowy albo uśmiechem.

Zawsze idź prawą stroną, żeby potem nie mieć problemu z wyminięciem osoby nadchodzącej z przeciwka, co mogłoby wyglądać dość komicznie.

Gdy idziesz, powstrzymaj się od wysyłania esemesów, aby nie doprowadzić do zderzenia na przykład z parkomatem. Jeśli już koniecznie musisz wysłać wiadomość, stań z boku, napisz ją i dopiero wtedy ruszaj dalej.

Nie blokuj ruchu przez zatrzymywanie się na środku chodnika, na szczycie schodów ruchomych albo w przejściu do windy, autobusu lub metra. Zawsze stawaj z boku.

Kiedy jesteś na dworze, chłoń piękne widoki, oddychaj świeżym powietrzem i doceniaj walory okolicy. Bądź świadoma otoczenia, spróbuj się zrelaksować i cieszyć życiem. Nawet jeśli idziesz tylko załatwiać sprawunki.

Uścisk dłoni, przytulenie czy *faire la bise*?

Ceremoniał powitania powinnaś dostosować do zwyczajów panujących w kraju, gdzie się znajdujesz. W Ameryce przyjęło się wymieniać mocny, serdeczny uścisk dłoni. Po prostu wyciągnij prawą rękę i zdecydowanie (choć nie za mocno) uściśnij dłoń osoby, z którą się witasz, utrzymując kontakt wzrokowy. Potrząśnij nią dwa lub trzy razy i zwolnij uścisk. Nigdy nie ujmuj dłoni zbyt silnie, zwłaszcza gdy witasz się z osobą w starszym wieku. Jeśli cierpi na artretyzm, sprawisz jej ból.

W wielu europejskich krajach powitanie wymaga bliższego kontaktu — jest to z reguły pocałunek w policzek, *faire la bise*. Wymiana pocałunków ma bardzo wiele niuansów, więcej niż wymiana uścisków dłoni. Warto od razu wyjaśnić sobie jedną rzecz: tak naprawdę wcale się nie całujemy! Przecież nie chciałabyś zostawić śladu szminki na twarzy nowo poznanej osoby. Wystarczy się nachylić i po prostu zbliżyć prawy policzek do twarzy osoby, z którą się witasz. Jeżeli chcesz, możesz wydać odgłos cmoknięcia, byle niezbyt głośny. Przy nachylaniu się może się zdarzyć, że dotkniesz ramienia albo łokcia rozmówcy.

No dobrze. Pierwszy policzek zaliczony i dopiero teraz zaczynają się schody: skąd masz wiedzieć, czy czeka cię kolejny całus, czy należy poprzestać na jednym. W Paryżu spotykałam osoby, które na powitanie całowały się trzy razy. Po pierwszym cmoknięciu w policzek nie odsuwaj się zbyt gwałtownie, lecz wybadaj, czy osoba, z którą się witasz, cofa się, czy chce ucałować twój drugi policzek. Unikaj wszelkich nagłych ruchów, które mogą skończyć się nieprzyjemnie — możesz na przykład przejechać ustami po czyjejś twarzy (tak, tak — właśnie coś takiego mi się przydarzyło i było to bardzo krępujące doświadczenie).

A co z uściskiem na powitanie? My, Amerykanie, bardzo lubimy ściskać przyjaciół. Ale jeśli nie jesteś w Ameryce, unikaj przytulania innych osób, nawet jeśli je dobrze znasz. One po prostu nie będą wiedziały, jak zareagować. Pamiętam, jak kiedyś przywitałam się z jedną z angielskich znajomych mojego męża, którą znałam od kilku lat. Przyjechałyśmy na wyspę Tortola na czyjś ślub i nie do końca byłyśmy pewne, jaka etykieta powitalna tam obowiązuje. Kiedy zobaczyłam tę znajomą, nachyliłam się ku niej, żeby wymienić całusy i jednocześnie ją przytuliłam (nie wiem, jak wpadłam na taką powitalną mieszankę: pocałunek plus objęcie). Gdy ją uścisnęłam, znajoma Angielka gwałtownie się odchyliła, by ucałować mój drugi policzek. W rezultacie nasza wymiana uścisków wypadła dość kuriozalnie i wolałabym, by do tej sytuacji nie doszło.

Kontakt wzrokowy

Co się stało z kontaktem wzrokowym? Czasami można odnieść wrażenie, że ludzie przestali go utrzymywać. Pozdrawiamy znajomych, w ogóle na nich nie patrząc. Tak samo rozmawiamy ze sprzedawcami w sklepie. Prowadzimy długie dysputy z kolegami z pracy i również unikamy kontaktu wzrokowego. Odwracanie wzroku zamiast patrzenia sobie w oczy jest szczególnie rozpowszechnione wśród młodych. Dlaczego kontakt wzrokowy jest taki onieśmielający?

Utrzymywanie stałego kontaktu wzrokowego jest tak samo istotnym składnikiem eleganckiego stylu bycia i oznaką dobrych manier jak mocny uścisk dłoni. Świadczy o szacunku, jakim darzymy rozmówcę, a także o naszej pewności siebie. W ten sposób dajemy do zrozumienia, że nie mamy nic do ukrycia. Osoba, która utrzymuje kontakt wzrokowy, wysyła komunikat, że jest godna zaufania. Ponadto, gdy patrzymy naszemu rozmówcy w oczy, dajemy mu poznać, że go uważnie słuchamy.

Jeżeli jesteś introwertyczką lub osobą nieśmiałą, utrzymywanie kontaktu wzrokowego może być szczególnie trudne. Dzieje się tak dlatego, że patrząc komuś w oczy, zaglądasz do jego wnętrza. Wielu filozofów było zdania, że zaglądając w czyjeś oczy, widzimy duszę. Jeśli patrzenie w oczy sprawia ci problem, musisz to potraktować jako rodzaj ćwiczenia. Kiedy się z kimś spotykasz, utrzymuj kontakt wzrokowy, i to nie tylko wtedy, gdy słuchasz tej osoby, ale również w trakcie rozmowy. Pamiętaj o miarowym oddechu. Uczucie dyskomfortu w końcu przeminie i zaczniesz odczuwać pewną subtelną zmianę. Zauważysz, że poprzez kontakt wzrokowy zyskujesz siłę. Przestajesz czuć się skrępowana.

Czy zdarzyło ci się być na przyjęciu, podczas którego twój rozmówca skupiał wzrok na wszystkim, tylko nie na tobie? Pamiętasz, jak się wtedy czułaś? Kiedy koncentrujesz wzrok na osobie, z którą rozmawiasz, wysyłasz sygnał, że faktycznie uczestniczysz w dialogu. Słuchasz tej osoby. Kiedy mówisz, staraj się podtrzymać ten kontakt. Twoi rozmówcy mogą być różni — niektórzy będą cenić sobie kontakt wzrokowy, a inni mogą czuć się z nim nieswojo i nie patrzeć w twoją stronę. Tak czy inaczej, spróbuj patrzeć w oczy osobie, z którą rozmawiasz. Nie rezygnuj tylko dlatego, że twój partner unika takiego kontaktu. Po chwili ta osoba z pewnością poczuje się zrelaksowana, bo uzna, że jesteś godna zaufania i nie masz nic do ukrycia. Kiedy skupiasz na kimś swoją uwagę w czasie przyjęcia, ten ktoś czuje się wyróżniony i ważny. To właśnie, jak czytałam, miał być klucz do sukcesu Jackie Kennedy Onassis — na tym polegała jej charyzma.

Gdy z kimś rozmawiasz, możesz, rzecz jasna, co jakiś czas odwrócić wzrok. Nie chodzi o nieprzerwane intensywne wpatrywanie się w drugą osobę podczas całej rozmowy, lecz o to, by kontakt wzrokowy był częsty i budował pozytywną relację.

Twoje zachowanie

Elegancki styl bycia to nie tylko wyprostowana postawa, pełen gracji chód i utrzymywanie kontaktu wzrokowego. To również sposób zachowania się. Jak postępujesz w stosunku do innych? Jesteś serdeczna i przyjazna czy szorstka i obcesowa? Jeżeli masz klasę i elegancki styl bycia, dobrze funkcjonujesz w społeczeństwie, bo jesteś zgodna i otwarta. Czasami tak bardzo się gubimy, że przyjmujemy postawę aspołeczną i wręcz niegrzeczną, zapominając o manierach. Powinnaś dążyć do tego, by w stosunkach z osobami, z którymi masz codzienny kontakt, stale praktykować zasady dobrego zachowania. To, jak się zachowujesz, wiele mówi o wartościach, jakim hołdujesz i o twoich priorytetach.

Elegancki styl powinien dotyczyć wszystkich sfer twojego życia i obowiązywać przez cały czas, nawet wtedy, gdy występujesz anonimowo. Pamiętaj, że wszystkie twoje poczynania w taki czy inny sposób wpływają na świat. Osoby, które w ciągu dnia zachowują się zgodnie z przyjętymi normami, ale wieczorem, gdy zasiądą do komputera, zaczynają wypisywać w Internecie podłe i obraźliwe uwagi, tak naprawdę nie mają klasy. Nie rozumieją, że wszystkie ich działania mają znaczenie, nie tylko to, co robią jawnie.

A jak wygląda kwestia dobrych manier, jeśli chodzi o prowadzenie pojazdów? Powiedzmy, że jakiś kierowca trąbi na ciebie, gdy wieczorem wracasz z pracy do domu. Nie masz pojęcia, co takiego zrobiłaś, czym zasłużyłaś sobie na podobne traktowanie. Natychmiast czujesz wzburzenie. Co jest nie tak? Przecież wszyscy stoimy w tym samym korku — czy nie moglibyśmy traktować się uprzejmie? Albo też inny kierowca gwałtownie wpycha się przed ciebie i zajeżdża ci drogę. Teraz twoje wzburzenie sięga zenitu. Najchętniej wcisnęłabyś pedał gazu i też uruchomiła klakson. Masz wielką ochotę wyrazić odpowiednim gestem, co myślisz o tym bezczelnym piracie drogowym, albo go zwymyślać. Niewiele brakuje, abyś dała ponieść się emocjom, ale dobre maniery cię powstrzymują. Wiesz, że jeśli ulegniesz pokusie gwałtownej reakcji, upodobnisz się do tego kierowcy, który tak bardzo cię zdenerwował. Tym samym obniżysz własne standardy. Masz klasę i chociaż zostałaś źle potraktowana, nie zamierzasz wdawać się w głupią kłótnię na drodze. Jest to nie tylko niebezpieczne, ale w ogóle niewarte zachodu. Twój oponent chce, żebyś zareagowała. Próbuje cię zdenerwować! Chce z tego czerpać satysfakcję. Dlatego ty musisz wziąć parę głębokich oddechów, które sprawią, że gniew cię opuści, i skoncentrować się na drodze, do czasu aż wkurzający kierowca zjedzie na sąsiedni pas, żeby pastwić się nad kimś innym. Nie dałaś się sprowokować. W dłuższej perspektywie to przynosi o wiele więcej satysfakcji.

Miłe jest poczucie triumfu, że czyjeś złe zachowanie nie skłoniło cię do kłótni i nie zniżyłaś się do poziomu adwersarza. Ale jak postąpić wtedy, gdy otacza cię tłum ludzi, których maniery pozostawiają wiele do życzenia? Czy kiedykolwiek widziałyście może relacje z Czarnego Piątku (tego tuż po Dniu Dziękczynienia, który jest początkiem sezonu zakupów przed Bożym Narodzeniem) albo z poświątecznej wyprzedaży? Ludzie budzą się bardzo wcześnie rano, gdy jest jeszcze ciemno i zimno, tylko po to, by skuteczniej szturmować sklepy, ledwo zostaną otwarte. Pchają się, a nawet tratują, byle tylko wejść w posiadanie towarów po obniżonej cenie. Dla chęci posiadania rzeczy tracą całą swoją ludzką godność. Są gotowi toczyć boje o gofrownicę albo o domek dla lalek. A gdzie elegancki styl bycia? Gdy patrzyłaś na relacje z tych wydarzeń, pewnie targały tobą sprzeczne uczucia, oscylujące pomiędzy zgrozą a rozbawieniem.

Jeśli prawidłowo ustawisz hierarchię wartości i sporządzisz listę priorytetów, wtedy na pewno nie sprzeniewierzysz się swojemu wizerunkowi kobiety z klasą. Przyjrzyjmy się bliżej Świętu Dziękczynienia. To jedno z najpiękniejszych świąt w roku. Rodziny zbierają się przy stole, żeby razem świętować i wyrażać wdzięczność. To święto, które nie uległo komercjalizacji… jeszcze. Ważną rolę odgrywa w nim dobre jedzenie i budowanie więzi. W przeszłości ze względu na święto większość sklepów była nieczynna. Jednak ostatnio markety otwierają swoje podwoje jeszcze w Dniu Dziękczynienia, wieczorem, żeby kupujący mogli odpowiednio wcześnie rzucić się w wir zakupów po obniżonych cenach. W rezultacie rodziny, zamiast spędzać czas razem w cieple przy kominku, biegną do ulubionego sklepu, żeby rywalizować z tłumem innych klientów. I o co? O możliwość nabycia większej liczby rzeczy. Widać, że hierarchia wartości i priorytetów pozostawia tu wiele do życzenia.

Nigdy nie zobaczyłabyś Madame Chic przed supermarketem Walmart, jak wali w szklane drzwi i marzy tylko o tym, żeby się dostać do środka w okresie czarnopiątkowej wyprzedaży. Jej elegancki styl bycia po prostu wyklucza tego rodzaju zachowanie. Być może różnego rodzaju promocje i strach, że możesz stracić jakąś niesamowitą okazję, znęciłyby cię do uczestniczenia w tych konsumenckich zapasach. Ale w tym momencie zacząłby działać mechanizm obronny w postaci eleganckiego stylu bycia. Kobieta z klasą zna swoje priorytety. Co jest ważniejsze? Nowy blender przeceniony o 50 procent? Czy też spędzenie miłego wieczoru w gronie rodziny w Święto Dziękczynienia? A może lepiej jest pograć z kuzynami przy kominku w grę planszową, zamiast stawać do wyścigu po tańszą suszarkę?

Kobiety z klasą odrzucają mentalność stadną. Nie robią czegoś tylko dlatego, że tak postępują inni. Mają swoje standardy i unikają sytuacji, w których ludzie łamią zasady. Wiedzą, że sposób bycia bardzo wiele mówi o człowieku i chcą zainspirować innych, by starali się zachować dobre maniery.

. . .

Zacznij dbać o swoją postawę, pamiętaj o kontakcie wzrokowym, próbuj ładnie się poruszać i odpowiednio zachowywać. Praktykowanie eleganckiego stylu życia dostarcza wielu przyjemności! A jeśli nawet coś pójdzie nie tak, trzeba się zaraz pozbierać i próbować od nowa. Wkrótce dobre zachowanie, jeden z głównych filarów eleganckiego stylu życia, stanie się twoją drugą naturą.

Rozdział 6

Czarująca rozmowa

Komunikaty werbalne i niewerbalne, jakie przekazujemy, bardzo dużo mówią o naszym charakterze. Wiele z nas wpada w pułapkę prowadzenia rozmowy w sposób nielicujący z dobrymi manierami, których chciałybyśmy przestrzegać w naszym życiu. A zatem bierzmy się do dzieła i przyjrzyjmy się, w jaki sposób rozmawiamy. Ponieważ to, co mówimy i jak mówimy, jest dużo istotniejsze, niż mogłybyśmy przypuszczać.

Mowa

> Nawet jeśli czyjś styl prowadzenia rozmowy jest irytujący, to twój wpływ na niego jest niewielki, za to z całą pewnością możesz wpłynąć na to, jak sama mówisz
>
> Emily Post

Umiejętność prowadzenia rozmowy jest niezwykle istotnym elementem eleganckiego stylu życia. Osoba, która pięknie się wypowiada, natychmiast przykuwa uwagę. Jest postrzegana jako inteligentna, zrównoważona i godna zaufania. Ma to coś — *je ne sais quoi.* Wydaje się bezpośrednia i pewna siebie.

Gdy przebywałam w towarzystwie Madame i Monsieur Chic w ich salonie, od razu czułam potrzebę włożenia eleganckiego stroju i prostowałam plecy. Ich nienaganne zachowanie się przy stole budziło we mnie potrzebę szlifowania własnych dobrych manier i sprawiało, że przestawałam się garbić. Podobnie reagujemy, gdy przebywamy w towarzystwie kulturalnego rozmówcy. W obecności takiej osoby pragniemy wysławiać się lepiej. Szukamy bardziej wyrafinowanych słów, unikamy przerywników i wypełniaczy, wulgaryzmów i slangu. Uświadamiamy sobie, że inni wciąż oceniają nasze zachowanie i jeśli potrafimy ładnie się wysławiać, możemy motywować innych do większej dbałości o język.

Eliminowanie wulgaryzmów

Kobiety z klasą nie posługują się rynsztokowym słownictwem. Jeśli masz z tym problem, a zależy ci na kultywowaniu eleganckiego stylu życia, najwyższy czas zmienić swój język wypowiedzi. Ja sama nie zawsze byłam pod tym względem aniołem. W młodości sądziłam, że przeklinanie podnosi naszą atrakcyjność i dlatego w towarzystwie nie stroniłam od wulgaryzmów. W późniejszym życiu, gdy widziałam, jak bardzo Madame Chic zważa na słowa, przeklinanie przestało mnie kręcić i zaczęłam je uważać raczej za przejaw prostactwa. Kiedy postanowiłam, że zacznę prowadzić elegancki styl życia, wiedziałam, że nie będzie w nim miejsca na przekleństwa. Praca nad oczyszczeniem języka ze złych nawyków nie zawsze jest łatwa. Może się zdarzyć, że gdy uderzę się w palec, wyrwie mi się jakieś niecenzuralne słowo, jednak na ogół staram się bardzo uważać na to, co mówię.

Jeśli chcemy oczyścić nasz język z wulgaryzmów, może powinnyśmy zacząć uważniej dobierać dla siebie muzykę i programy rozrywkowe. Któregoś dnia mój mąż i ja usiedliśmy, żeby obejrzeć popularny serial detektywistyczny z kablówki, bo wiele osób nam go rekomendowało, jako „jeden z najlepszych". Musieliśmy go zobaczyć! Jednak po pierwszych dwudziestu pięciu minutach postanowiłam wyłączyć telewizor. Mąż przyznał mi rację. Może ten film nawet był świetny, ale ja naprawdę nie mam przyjemności w oglądaniu, gdy co dziesięć sekund jestem rażona z ekranu słowem na k. Teraz, gdy zaczęłam tak wielką wagę przykładać do czystości języka, stek wulgaryzmów, którego muszę słuchać, wywołuje u mnie podobną reakcję, jak widok wielkiej czarnej muchy pływającej w pięknej porcelanowej filiżance. Może dlatego tak bardzo lubię oglądać serial *Downton Abbey*? Jestem pewna, że to jeden z ważniejszych powodów.

Nasuwa się pytanie, jak wpłynąć na społeczeństwo, które coraz bardziej dewaluuje język, a uwielbia wulgaryzmy? Kiedy słyszę, jak ktoś przeklina w miejscach publicznych, zwłaszcza gdy jestem w towarzystwie córek, mam ochotę spuścić mu porządne manto w ramach lekcji dobrego zachowania. Powstrzymuję się jednak, bo uważam, że lepiej działa własny przykład. Możesz sobie to nawet postawić za cel — dawanie dobrego przykładu. Jeśli, na przykład, jesteś na lunchu z przyjaciółką, która co chwila przeklina, jedząc sałatkę i popijając *ice tea*, postaraj się nie dostosowywać do jej stylu. Wręcz odwrotnie, spróbuj mówić najpiękniej jak potrafisz, by stać się dla niej inspiracją. Może coś do niej dotrze. A może nie. To bez znaczenia. Istotne jest, że ty poprzez swój sposób mówienia chcesz oddziaływać na świat. Inni obserwują twoje zachowanie i z pewnością twój inteligentny i wyważony dobór słów przyciągnie ich uwagę. Madame Chic nigdy nie przeklinała. *Zut alors!* nigdy nie padło z jej ust. Dobierała słowa bardzo starannie i ja dzisiaj postępuję tak samo.

Wypełniacze: hm, tak jakby, absolutnie

*Le sigh**. Po prostu ręce opadają. Nieustanne „yyy", „hm", „tak jakby" i inne tego typu wypełniacze za-

* Określenie z kreskówki *Pepe Le Pew* używane przez anglojęzycznych blogerów dla wyrażenia znużenia i apatii. Stanowi skrzyżowanie francuskiego rodzajnika „le" z angielskim „sigh" — wzdychać.

śmiecają nasz język. Ja sama nie mogę się wyzbyć tych przerywników, które niczego nie wnoszą do rozmowy. To nie tylko mój problem, ale pewnie również twój (zwłaszcza jeśli należysz do pokolenia X lub młodszego). Jeśli pochodzisz z południowej Kalifornii, tak jak ja, być może nie ma już dla ciebie ratunku (żartowałam!). Specyficzny kalifornijski slang, jak z filmu *Dziewczyna z doliny*, powoduje, że nasze wypowiedzi często brzmią mało inteligentnie i zupełnie nie ma to nic wspólnego z klasą. Co zatem możemy z tym zrobić?

Po pierwsze, powinnyśmy to sobie uświadomić. Zastanowić się, czy nie wtrącamy „tak jakby" w każdym zdaniu. Czy nie mówimy „yyy", gdy jesteśmy niepewne? A może dawno przekroczyłyśmy czterdziestkę, a nadal wysławiamy się jak siedemnastki? Jeśli cierpisz na syndrom *Dziewczyny z doliny*, a twoja mowa nafaszerowana jest rozmaitymi pustymi słowami, zastanów się *pourquoi*.

Wiele osób odczuwa potrzebę wypełniania przerw w konwersacji niepotrzebną paplaniną. Wynika to zapewne z uwarunkowań towarzyskich, lęku przed ciszą, która wprowadza dyskomfort do rozmowy. To dlatego nagle zaczynamy wtrącać te wszystkie „yyy", „eee", „że tak powiem" i mówić slangiem (więcej o tym za chwilę). Gdy w trakcie rozmowy zapadnie milczenie, postarajmy się zaobserwować, co się z nami dzieje. Dlaczego czujemy się nieswojo? Skąd bierze się potrzeba wypełniania przerw w konwersacji potokiem nic nieznaczących słów? Co by się stało, gdybyśmy pozwoliły ciszy wybrzmieć? Pewnie będziesz odczuwać napięcie, ale postaraj się przeczekać ten trudny moment. Lepiej chwilę pomilczeć, niż paplać bez sensu, bo przecież w ten sposób wcale nie wyrażasz siebie. Ponadto moment ciszy pozwala zebrać myśli i wgłębić się w to, o czym była mowa.

Zawsze wiedziałam, że nadużywam wypełniaczy, ale dopiero gdy zaczęłam kręcić i montować swoje filmiki, by umieścić je na YouTubie, uświadomiłam sobie, jak bardzo moje wypowiedzi są nimi naszpikowane. Mój Boże! Serwowałam owe „yyy", „hm", „znaczy się", jakby to były gorące racuszki! I nawet nie zdawałam sobie z tego sprawy! Dopiero potem, w trakcie oglądania materiałów, dotarło do mnie, jak bardzo mojemu językowi brakuje dystynkcji. Na szczęście podczas montażu mogłam usunąć te niedociągnięcia; w codziennym życiu jednak nie mamy przecież szansy tego zrobić.

Dlatego powinnyśmy zwracać większą uwagę na sposób mówienia. Jeżeli odczuwamy napięcie i nie wiemy, co powiedzieć, lepiej jest zamilknąć, niż stękać „yyy" czy „jak by to powiedzieć".

Slang

Zaraz pierwszego popołudnia, kiedy poznałam Monsieur i Madame Chic, Madame mnie poprawiła, gdy posłużyłam się potoczną i mało elegancką formą „nie wiem" i powiedziałam: *j'sais pas.* Madame, zapewne przerażona wizją spędzenia najbliższych sześciu miesięcy w towarzystwie osoby mówiącej slangiem, w dodatku z amerykańskim akcentem, natychmiast mnie skorygowała: „*Je* ne *sais pas*, Jennifer". I cóż, w ten sposób ustanowiła precedens, nieprawdaż? Od tego momentu pilnowałam się, jak mogłam, by unikać slangowych wyrażeń. Cieszę się, że Madame otwarcie mi powiedziała o swoich obiekcjach, bo dzięki temu nie wyszłam później na osobę nieokrzesaną i pozbawioną dobrych manier.

Młodzi ludzie zawsze przesuwają granice, jeśli chodzi o slang. Im stajemy się starsi, tym trudniej nam przyjąć ich specyficzny styl rozmowy. Jestem pewna, że wy również miałyście okazję oglądać filmy albo relacje w telewizji, w których młodzi wypowiadają się niby to w ojczystym języku, a brzmi to tak, jakby mówili w obcym. Popełniają błędy gramatyczne, składniowe i wprowadzają slangowe określenia, które nie do końca są zrozumiałe albo przyjemne dla ucha. „Zajebisty" czy „zajefajny" brzmią jak jakiś sekretny kod. Dobrze jest znać najnowsze slangowe wyrażenia, bo wśród nastolatków dodaje to atrakcyjności. Ty jednak staraj się mówić wyraźnie, inteligentnie i z klasą. Twój nienaganny styl wypowiedzi z pewnością zaprowadzi cię daleko, obiecuję. Lepiej wypadniesz podczas rozmowy kwalifikacyjnej o pracę. Przyciągniesz inteligentnych, podobnie myślących przyjaciół. A może nawet będziesz miała okazję stać się wzorem dla młodych osób, które zechcą cię naśladować.

Ci, którzy się tobie przyglądają, z pewnością zauważą zmianę. Dlatego bez względu na to, jakim językiem mówiłaś, gdy byłaś młodsza, jak rozmawiałaś wczoraj albo nawet dzisiejszego ranka, z pewnością możesz się zmienić. Masz w sobie odwagę, by oczyścić język ze złych naleciałości, mówić mądrze i jasno. Elegancja może przejawiać się również w języku. Spróbuj popracować nad tym aspektem swojego życia, a zobaczysz, ile otworzy się przed tobą drzwi.

SPOSOBY WYPRACOWYWANIA DOBREGO STYLU

Zostań zachłanną czytelniczką.

Czytaj literaturę klasyczną.

Ucz się codziennie nowych słów i używaj ich w mowie.

Wsłuchuj się w swoje słowa.

Eliminuj wulgaryzmy.

Unikaj wypełniaczy w rodzaju „yyy" lub „znaczy się".

Unikaj slangowych wyrażeń w kontaktach towarzyskich, ale bądź au courant kultury językowej.

Zastanów się, zanim się odezwiesz.

Nie bój się ciszy.

Słuchaj audiobooków i korzystaj z aplikacji do ściągania książek.

Jeśli czujesz się spięta podczas towarzyskiej rozmowy, przedkładaj milczenie nad bezmyślną paplaninę.

Przyjmuj komplementy z wdziękiem

Kiedy ktoś mówi mi komplement, z trudem przychodzi mi odpowiedzieć po prostu: „Dziękuję". A gdy o tobie ktoś mówi coś miłego, czy próbujesz podważyć zasadność komplementu? Czy któraś z poniższych kwestii nie wydaje ci się znajoma?

— Pięknie dzisiaj wyglądasz!
— Ależ skąd, wyglądam okropnie.

— Masz piękne włosy.
— Bo umyłam sobie głowę.

— Podoba mi się twoja sukienka.
— Ten stary łach? Kupiłam ją na wyprzedaży.

Umniejszanie wartości komplementu jest jak odrzucanie czyjegoś daru. Gdy ktoś wręcza ci prezent, nie oddajesz go natychmiast, mówiąc: „Nie, dziękuję!". Dlatego kiedy ktoś obdarza cię komplementem, potraktuj go jak prezent, rozpakuj i podziękuj.

Większość z nas ma skłonność do deprecjonowania samych siebie. Nie lubimy się chwalić, żeby nikt nie posądził nas o próżność. Nie chcemy, by inni czuli się źle z tego powodu, że nam wychodzi coś lepiej. Rzeczywiście nie powinnyśmy być zadufane w sobie, ale z drugiej strony nie ma potrzeby siebie umniejszać. Jeśli ktoś obdarzy cię komplementem, po prostu podziękuj.

— Pięknie dzisiaj wyglądasz!
— Dziękuję.

— Masz piękne włosy.
— Dziękuję.

— Podoba mi się twoja sukienka.
— Dziękuję.

Prawda jest taka, że im więcej pokażesz klasy, tym częściej będziesz obsypywana komplementami. Ludzie zauważą, że jesteś inna. Być może nie będą potrafili sprecyzować, na czym to polega, ale z pewnością poznają, że zaszła w tobie jakaś zmiana. Wydasz się im bardziej pewna siebie. Tajemnicza. To sprawi, że ludzie zaczną cię komplementować. Dlatego naucz się mówić „dziękuję". Inni cię obserwują.

Jak odmawiać z klasą

Masz przed sobą stresujący dzień. W pracy gonią cię terminy. Chwyta cię przeziębienie. W domu panuje nieopisany bałagan. Nie masz nic na obiad i powinnaś pójść do sklepu, tylko nie wiesz, kiedy zdołasz się wymknąć. Tego ranka, gdy wysadzasz dziecko przed szkołą, spotykasz inną zaprzyjaźnioną mamę. Zaprasza cię, abyś wpadła po południu, by dzieci mogły się pobawić. Pamiętasz, że już raz nie przyjęłaś od niej zaproszenia, a potem nie pojawiłaś się na przyjęciu urodzinowym jej dziecka, bo akurat gdzieś wyjechaliście. Czujesz się z tym nieswojo. Mimo że jesteś przygnieciona obowiązkami, próbujesz gdzieś wcisnąć to spotkanie, żeby nie sprawić przyjaciółce zawodu. Wiesz, że powinnaś odmówić, ale nie chcesz jej urazić. Dlatego przyjmujesz zaproszenie. Potem przez cały dzień jesteś na siebie zła, że się zgodziłaś. Przecież w tym czasie zdążyłabyś zrobić zakupy w spożywczym! Co będzie z obiadem? Najchętniej znalazłabyś jakąś wymówkę i odwołała spotkanie. Ale nie chcesz być uznana za osobę niepoważną. Bardzo niechętnie jedziesz z wizytą, chociaż jesteś przekonana, że powinnaś odmówić.

Odmawianie to sztuka, której trzeba się nauczyć. A odmawianie z klasą to już w ogóle wyższa szkoła jazdy. Jak w elegancki sposób komuś odmówić? Trzeba się najpierw nauczyć, w jaki sposób *nie należy* zaproszeń odrzucać. Przede wszystkim nie kłamiemy, nie tłumaczymy się bez potrzeby i nie szukamy wymówki. Nie powinnaś czuć się winna ani zawstydzona. Odmawiać powinno się z wdziękiem i łagodną stanowczością. Osoba, której odmawiamy, być może nie będzie z tego powodu zadowolona i spróbuje wywołać w tobie poczucie winy, ale ty musisz być pewna swojej decyzji i nie ulegać presji.

Tylko ty wiesz, ile masz spraw na głowie i którym obowiązkom zdołasz podołać. Znasz swoje możliwości. Tylko ty wiesz, jak napięty jest twój grafik oraz ile godzin spałaś poprzedniej nocy. To ty ustalasz priorytety. Wiesz, jak źle się czujesz, gdy bierzesz na siebie zbyt wiele. Dlatego tylko ty możesz właściwie ocenić, co jest dla ciebie dobre i czy powinnaś odmówić czy nie. Nigdy nie pozwól, żeby ktoś wymusił na tobie jakieś zobowiązanie, kiedy instynkt podpowiada ci, że nie powinnaś się zgodzić na jego podjęcie.

Jeśli to tylko możliwe, odrzuć zaproszenie od razu. Wystarczy powiedzieć: Dziękuję. Nie mogę. Nie musisz szukać wymówki ani kłamać, by nie zranić czyichś uczuć. Osoba, której odmawiasz, albo przyjmie odmowę, albo nie, ale jeśli nie przyjmie, to jest to wyłącznie jej problem. Kobiety z klasą nie dają się wciągnąć w jakieś tanie sentymenty. Są bezpośrednie i pewne siebie. Na każde zaproszenie mamy prawo odpowiedzieć „nie", ilekroć uznamy to za stosowne.

ELEGANCKI SPOSÓB ODRZUCENIA ZAPROSZENIA

Nie, dziękuję.

Niestety, nie mogę przyjąć zaproszenia.

Przykro mi, ale nie dam rady.

Niestety, to niemożliwe.

Przykro mi, nie dam rady, ale dziękuję za zaproszenie.

Przepraszam, ale nie będę mogła przyjść. Może innym razem.

Dziękuję, że o mnie pomyślałaś! Niestety, nie będę mogła przyjść.

A co zrobić wtedy, gdy przyjęłaś zaproszenie, mimo że powinnaś je odrzucić? Należy dotrzymywać zobowiązań i zrywać je tylko z bardzo ważnych powodów, gdy chodzi o twoje bezpieczeństwo, zdrowie i dobre samopoczucie psychiczne. Kiedyś moja serdeczna przyjaciółka urządzała przyjęcie. Zobowiązałam się, że na nie przyjdę. Przyjaciółka mieszka mniej więcej godzinę drogi od mojego domu. Im bliżej było do przyjęcia, tym bardziej drętwiałam na samą myśl, że mam tam jechać, tak byłam wyczerpana i przygnieciona obowiązkami. Mój grafik był przepełniony i wiedziałam, że po powrocie do domu będę musiała siedzieć do późna w nocy, by wykonać różne rzeczy związane z pracą. Poprzedniej nocy również bardzo mało spałam. Kończył się ciężki dla mnie tydzień, gdy mój mąż był nieobecny w domu przez sześć dni, a ja przez cały czas musiałam zajmować się dziećmi. Nie miałam najmniejszej ochoty jechać samochodem nawet dwudziestu minut, a co dopiero dwie godziny, licząc w obie strony. Jednak ponieważ nie chciałam zranić uczuć przyjaciółki, cały czas byłam zdecydowana jechać. Starałam się nakłonić córki, by założyły buty, ale tego dnia dziewczynki były jakieś szczególnie niesubordynowane i zaczęły uciekać po całym domu. Goniłam je przez dobrych kilka minut i nagle uświadomiłam sobie cały bezsens tej sytuacji. Co ja właściwie robię? Przecież jestem kompletnie wykończona i mam mnóstwo rzeczy do zrobienia. Wyjście na to przyjęcie to zupełne szaleństwo. I nagle doznałam olśnienia. Powinnam dać znać przyjaciółce, że nie przyjadę. I tak też zrobiłam. Powiedziałam jej prawdę, że jestem skrajnie wyczerpana i przygniecona obowiązkami. Następnego dnia znów do niej zadzwoniłam i przeprosiłam, że nie przyszłam. Ona jest prawdziwą i oddaną przyjaciółką, przyjęła więc moje wyjaśnienia ze zrozumieniem. Była wobec mnie bardzo uprzejma.

Czasami sami sobie stwarzamy problemy, tylko dlatego, że nie chcemy rozczarować innych ludzi. Potrafimy zadać sobie wiele trudu, byle zadowolić naszych przyjaciół i znajomych, ale jakim kosztem? Usprawiedliwiając się, mogłabym powiedzieć, że jestem chora albo że chora jest jedna z moich córek. Każdy by przyjął ze zrozumieniem takie tłumaczenie.

Ale ja nie chcę nikogo okłamywać, zwłaszcza oddanej przyjaciółki. Nie należy kłamać, ulegając stereotypowi, że nie powinno się nikogo ranić. Powiedzenie prawdy jest zawsze najlepszym wyjściem. Jeśli decydujesz się powiedzieć prawdę, bez względu na konsekwencje, tym samym masz okazję sprawdzić, ile warta jest twoja przyjaźń. Czy przyjaciółka okaże zrozumienie? Czy ci wybaczy? Trzeba mieć nadzieję, że tak. Na tym w końcu polega przyjaźń. I pamiętaj: któregoś dnia sytuacja może się odwrócić i to ty będziesz musiała wybaczyć przyjaciółce, która odrzuci twoje zaproszenie.

Dobre maniery

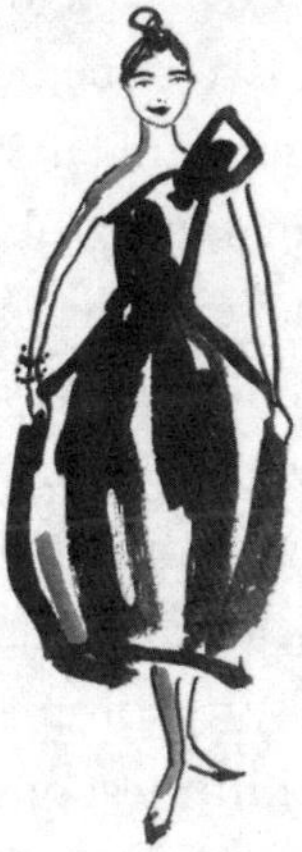

Dobre maniery można poznawać w ramach internetowego kursu etykiety: „Manners 101". Niestety większość naszego społeczeństwa oblałaby z nich egzamin.

Grzeczność to mówienie „proszę" i „dziękuję", a także „przepraszam", gdy na kogoś wpadniemy. Uprzejmość wymaga, by przytrzymać drzwi osobie idącej za nami. Dobre wychowanie powinno obowiązywać we wszelkich relacjach międzyludzkich, niezależnie od tego, czy rozmawiamy z kasjerką w sklepie, czy z portierem w biurze. Celowo włączyłam fragment o dobrych manierach do rozdziału o komunikacji międzyludzkiej, ponieważ dobre maniery komunikują innym, że darzymy ich szacunkiem. Jako że towarzyski szlif to teraz prawdziwa rzadkość, z pewnością nasze uprzejme zachowanie zostanie odebrane bardzo pozytywnie. Ile razy widziałaś, jak klientka zupełnie ignoruje sprzedawczynię w sklepie spożywczym, rozmawiając na przykład przez komórkę? Jestem pewna, że takie lekceważenie może być dla ekspedientki irytujące. Nikt z nas nie jest aż tak zajęty ani tak strasznie ważny, żeby nie móc nawiązać kontaktu wzrokowego z drugą osobą czy choćby nie posłać jej uśmiechu.

Dobre maniery to także te zasady dobrego wychowania, które wpajano nam w dzieciństwie. Kiedy słyszę, jak ktoś zwraca się do baristy: „Kawa raz", od razu mam ochotę się wtrącić i powiedzieć: „A jak brzmi to magiczne słowo, które zapomniałeś/zapomniałaś dodać?". O wiele uprzejmiej jest powiedzieć: „Poproszę kawę". Dawniej, gdy zamawiałam obiad w restauracji, mówiłam do kelnera: „Dla mnie frytki". Któregoś dnia mój mąż (lepiej w tym względzie wyedukowany!) powiedział do mnie, iż grzeczniej jest mówić: „Chciałabym zamówić frytki". I rzeczywiście. „Chciałabym" brzmi znacznie uprzejmiej.

Czy zdarzyło ci się wpuścić kogoś na swój pas ruchu, a ten ktoś nawet nie raczył skinąć ręką w podziękowaniu? Albo czy nie było tak, że gdy ty próbowałaś zmienić pas, kierowca celowo przyspieszył, żebyś nie mogła się zmieścić? Poprzez stosowanie zasad savoir-vivre'u w życiu codziennym możemy wpływać na nasze otoczenie i, choćby na małą skalę, być inspirującym przykładem dla innych. Niewykluczone, że gdy machniecie kierowcy ręką w podziękowaniu za miły gest, następnym razem będzie on bardziej skłonny wpuścić innych na swój pas ruchu. Nigdy nie wiadomo, co może wyniknąć z niewinnego skinięcia dłonią.

Być może każdego dnia, przechodząc chodnikiem, mijasz po drodze sąsiada, który cię ignoruje. Mimo to staraj się go pozdrowić z miłym uśmiechem. Nie ma znaczenia, czy ci odpowie, czy nie. To nie twój problem i nie bierz tego do siebie. Ważne, że ty postępujesz jak należy. Czasami, kiedy spotykam naburmuszonego sąsiada, który woli wpatrywać się w chodnik niż odpowiedzieć mi na „dzień dobry", żałuję, że w ogóle się odezwałam. Jednak tego rodzaju reakcja nie wydaje mi się właściwa. Bo przecież nie jest niczym właściwym ignorowanie kogoś, kto mieszka po sąsiedzku. Dlatego zawsze mówię „dzień dobry". Pozdrowienie zwykle wyrywa sąsiada z apatii i wtedy po chwili albo mi odpowiada, albo patrzy zdumiony. Czy relacje międzyludzkie stały się aż tak bardzo bezosobowe, że zwykłe pozdrowienie jest odbierane jako rzecz niesłychana? Całkiem możliwe.

Jako kobieta z klasą, staraj się być uprzejma. Nie myśl o tym, jak zachowują się inni ludzie. Może się kiedyś ockną, a może nie. Ważne, żeby trwać przy swoich przekonaniach i nie iść na żadne kompromisy. Nie pozwól, aby inni ściągali cię w dół! Kieruj się zasadami savoir-vivre'u w życiu codziennym, bo w ten sposób komunikujesz innym, że masz klasę.

Punktualność

Staramy się pojawiać punktualnie. I mamy najlepsze intencje. Ale zdarzają się różne rzeczy. Korki. Błędne wskazówki, jak dotrzeć na miejsce. Dzieci, które nie chcą włożyć butów. Pomimo tych wszystkich czynników działających na naszą niekorzyść, elegancki styl bycia wymaga, żebyśmy były punktualne i traktowały to jako sprawę priorytetową. Punktualność to oznaka szacunku dla ludzi, z którymi się spotykamy. Dołóżmy starań, by przybyć na miejsce odpowiednio wcześnie. Wyjątek stanowią przyjęcia w prywatnych domach (nie chcemy przecież wprawić w zakłopotanie gospodarzy swoim zbyt rychłym przybyciem!).

Oto pięć wskazówek, jak być punktualnym, bo tego wymaga elegancki styl bycia:

1. Ustaw sobie przypomnienie w telefonie. Wiele osób spóźnia się dlatego, że zwyczajnie zapo-

mniało o umówionym spotkaniu! Większość smartfonów ma kalendarz z opcją alarmu. Można sobie ustawić przypomnienie na godzinę lub nawet na dzień przed spotkaniem. Bardzo pomocne są dołączone notatki zawierające adres i wskazówki odnośnie do parkingu. Dzięki temu wszystkie informacje będziemy miały w jednym miejscu.

2. Planuj wszystko z wyprzedzeniem. Jeżeli spotkanie masz rano, przygotuj się do niego już poprzedniego dnia. Wybierz ubrania, które chcesz założyć. Przyszykuj lunch i trzymaj go w lodówce. Ustaw teczkę przy drzwiach. Sprawdź miejsce spotkania i możliwe trasy dojazdu.

3. Zarezerwuj sobie czas na różne nieprzewidziane okoliczności. Jeśli jedziesz w nowe miejsce, GPS może ci podpowiadać, że dojedziesz tam w dwadzieścia pięć minut, ale korki mogą przecież tę drogę znacznie wydłużyć. Dlatego, na wypadek gdybyś na nie trafiła, najlepiej podwoić przewidywany czas dojazdu. Jeśli przypuszczasz, że trudno będzie zmobilizować dzieci do wyjścia, poproś je, żeby zaczęły się zbierać dziesięć minut wcześniej, niż wstępnie planowałaś, by uniknąć spóźnienia.

4. Ustal szczegóły z wyprzedzeniem. Jeśli wybierasz się samochodem, upewnij się, gdzie będziesz mogła zaparkować. Jeżeli jedziesz komunikacją

publiczną, sprawdź dokładnie trasę. Wówczas nawet gdy trafisz na korki albo spóźni się autobus, po dotarciu na miejsce unikniesz dalszych komplikacji.

5. Weź pod uwagę, że możesz dotrzeć wcześniej. Na wypadek gdybyś dotarła na miejsce przed czasem, zabierz ze sobą książkę lub coś, czym zajmiesz się w oczekiwaniu na spotkanie. Pamiętaj, że wcześniejsze przybycie nie jest stratą czasu. Dzięki temu unikniesz niepotrzebnych nerwów.

Zasady pisania maili

Jeśli po raz pierwszy wysyłasz do kogoś maila, zwłaszcza w sprawach biznesowych, musisz się trzymać określonych zasad. W mailach pisanych do kolegów i przyjaciół, z którymi często masz kontakt, możesz pominąć pewne grzecznościowe formy, ale zawsze lepiej pamiętać o dobrych manierach.

Oto kilka spraw, które warto rozważyć:

Odpowiedzieć wszystkim? Zanim klikniesz: „Odpowiedz wszystkim", zastanów się, czy rzeczywiście chcesz wysłać tego maila do wszystkich.

Przesyłanie? Jeśli przesyłasz dalej maila, pamiętaj, by przed wysłaniem dopisać coś od siebie. Nigdy nie przekazuj maili rozsyłanych systemem łańcuszkowym.

Ton. Nigdy nie pisz wielkimi literami, chyba że chcesz dać innym do zrozumienia, że KRZYCZYSZ.

Pan X i Pani X. Nie daj się zwieść nieformalnemu charakterowi maila. Zawsze pamiętaj o zachowaniu odpowiednich form grzecznościowych.

Jennifer przez dwa „n". Upewnij się, że nie ma literówek w imionach i nazwiskach.

Ponowne sprawdzenie. Nie zapomnij włączyć funkcji sprawdzania pisowni, żeby uniknąć błędów.

Zdenerwowana? Zastanów się, zanim klikniesz „Wyślij". Nie da się cofnąć maila.

Zwracaj uwagę na szczegóły. Pisz pełnymi zdaniami, wystrzegaj się nieformalnych skrótów i slangowych wyrażeń.

Pozdrawiam serdecznie. Stosuj formy grzecznościowe, tak jak w liście. Zaczynaj od: „Szanowna Pani" albo „Dzień dobry". Staraj się okazać uprzejme zainteresowanie sprawami adresata: „Co u Ciebie słychać?", „Mam nadzieję, że wszystko dobrze Ci się układa". Nie zapomnij też miło zakończyć maila, tak jakbyś kończyła list: „Pozdrawiam serdecznie".

Oddzwanianie i odpowiadanie na maile

Codziennie jesteśmy zasypywani korespondencją. Ludzie oczekują odpowiedzi na esemesy, telefony i maile — i to najlepiej natychmiastowej! Na ważne telefony i maile przyjęte jest odpowiedzieć w ciągu dwudziestu czterech godzin. Jeżeli jesteśmy bardzo zajęte i nie mamy wystarczająco dużo czasu na stosowną odpowiedź, dobrze jest wysłać chociaż krótki sygnał: „Dostałam wiadomość, skontaktuję się wkrótce". Jeżeli planujesz być dłuższy czas poza domem, bez możliwości odpowiadania na maile, ustaw automatyczną odpowiedź, w której poinformujesz, kiedy wracasz. Postaraj się skontaktować ze wszystkimi możliwie szybko po powrocie. Pamiętaj jednak, że mniej ważną korespondencję możesz odsunąć na później. Inaczej staniesz się jej niewolnicą.

Wszyscy znamy tę sytuację. Stykamy się z nią wszędzie. Nie ma od tego ucieczki. Mam na myśli ludzi wpatrujących się w ekrany swoich smartfonów na podobieństwo zombie. Robią to w restauracjach, na spacerze z psem, w środku filmu w kinie, za kierownicą samochodu, w kolejce, na lekcji i po lekcjach, w trakcie baletu i antraktu, w kawiarni, podczas oglądania telewizji, na spacerze z dziećmi, w parku, w szkole, w czasie spotkania. To nowe uzależnienie od ekranu smartfona zmienia nasze życie, i to niekoniecznie na lepsze.

Wpatrywanie się w telefon to rodzaj koła ratunkowego, które ma nas wybawić z opresji w sytuacjach towarzyskich, gdy nie wiemy, jak powinniśmy się zachować. Nie ma to jednak nic wspólnego z eleganckim stylem bycia, dobrymi manierami czy ogładą. Wręcz przeciwnie, oddala nas od nich. Zaryzykuję stwierdzenie, że ten nowy obyczaj nie tylko utrwala aspołeczne zachowania, lecz wręcz prowadzi do zaniku jakichkolwiek form towarzyskich, które jeszcze do niedawna obowiązywały. Ostatnio, kiedy byłam na spacerze, szłam w stronę pewnego młodego człowieka, stojącego na chodniku i wpatrującego się intensywnie w ekran swojego smartfona. Kiedy podeszłam bliżej, ów chłopak, zamiast podnieść wzrok i spojrzeć na mnie, odwrócił się plecami, jakbym była ścianą albo krzakiem i dalej w najlepsze esemesował. Naprawdę do tego doszliśmy? Rezygnujemy z normalnych relacji towarzyskich na rzecz wirtualnych? Elegancja wymaga, byśmy starali się żyć bez uzależniania się od smartfona.

Halo! Tu jestem!

Czy pamiętacie takie spotkania, podczas których umówiona z wami osoba bez przerwy sprawdzała telefon albo pisała do kogoś esemesy? W takich sytuacjach można odnieść wrażenie, że jesteśmy intruzami, zabieramy naszej przyjaciółce cenny czas i przeszkadzamy w komunikowaniu się z kimś ważniejszym. Nie mam tu na myśli zatroskanych rodziców, którzy trzymają telefon na stole, w razie gdyby opiekunka dziecka pilnie potrzebowała się z nimi skontaktować, bo wszyscy to robimy — to zrozumiałe. Chodzi mi o takie osoby, które rozmawiając z nami, równocześnie komunikują się z kimś trzecim za pośrednictwem esemesów. Jeżeli ktoś w ten sposób się zachowuje, nie ulegaj pokusie, by wyjąć swój telefon i też zacząć sprawdzać wiadomości, żeby przyjaciółka (albo ty sama) mogła poczuć się lepiej. Zazwyczaj te osoby są nieświadome, że niewłaściwie się zachowują. Po prostu siedź i spokojnie przyglądaj się przyjaciółce, podczas gdy ona chichoce i esemesuje. Może w końcu coś do niej dotrze? A jeśli czujesz się wystarczająco silna, żeby wprost wyrazić swoje racje, możesz spróbować na ten temat porozmawiać. Albo też możesz sobie postanowić, że więcej nie będziesz się z nią umawiać.

Pułapka esemesowania

Zanim wynaleziono smartfony, ludzie musieli dzwonić na telefony domowe, wysyłać maile, listy albo stawiać się osobiście. Z chwilą gdy pojawiły się esemesy — wszystko uległo zmianie. Esemes to cudowny wynalazek, który pozwala być w kontakcie z drugą osobą. Wiele trudnych chwil łatwiej było mi przetrwać dzięki zabawnej wymianie esemesów z bliską znajomą. Ale musimy pamiętać, by nie stać się niewolnikami nadchodzących informacji. Gdy jesteśmy w coś zaangażowani i słyszymy sygnał, że nadszedł kolejny esemes, czy rzucamy wszystko i natychmiast biegniemy sprawdzić, co to za wiadomość? Czasami pewnie należy w ten sposób postąpić, ale co wtedy, gdy robimy tak stale? Ludzie nie mogą się z nami kontaktować wszędzie — w domu i poza nim — i bezustannie, o każdej porze dnia i nocy. Jako osoby z klasą musimy pamiętać o jednym — że nie jesteśmy na każde zawołanie. Być może inni będą się spodziewać, że odpowiesz im natychmiast, ale ty wcale nie musisz ulegać tej presji. Ciągłe odpowiadanie na czyjeś esemesy może zupełnie rozbić porządek naszego dnia.

Ja mam taką zasadę, że kiedy bawię się z dziećmi, nie odbieram telefonu. I nieważne, ile razy dzwoni. Ściszam go i kładę ekranem do dołu. Nie chcę, aby dzieci ciągle widziały mnie z telefonem w ręku. Kiedy miło spędzamy ze sobą czas, czytając jakąś historię albo pracując nad jakimś artystycznym projektem, nie chcę, by córkom zrobiło się przykro, że zamiast być z nimi, esemesuję z koleżankami.

Nie powiem, że wprowadzenie tej zasady przyszło mi z łatwością. Dostawanie wiadomości na pewno jest ekscytujące, ale w ciągu dnia muszę trzymać się ustalonego planu. Mam godziny przeznaczone na pracę i godziny przeznaczone dla rodziny, kiedy nie odbieram esemesów. Dopiero wieczorem, kiedy mam moment dla siebie, mogę się wymienić najświeższymi informacjami z przyjaciółkami, co sprawia mi sporą przyjemność.

Dobrze byłoby zanalizować, w jaki sposób ciągłe korzystanie ze smartfonów wpłynęło na nasze życie i jak pod ich wpływem zmienia się nasze zachowanie. Jeśli nie podoba ci się ta nowa rzeczywistość, spróbuj wprowadzić zmiany. Staraj się budować normalne relacje międzyludzkie i nie przykładaj aż tak wielkiej wagi do kontaktów utrzymywanych za pośrednictwem smartfona. Prawdziwe życie toczy się tu i teraz. Nigdy nie wiemy, ile dni nam jeszcze pozostało. Starajmy się przeżyć je w całej ich pełni, nie wirtualnie.

Plotkara

Plotkowanie to wada, ale jakże kuszące zajęcie. Jeśli znamy na czyjś temat jakieś pikantne szczegóły, mamy nieodpartą ochotę się nimi podzielić! Jeżeli ktoś ma jakieś bulwersujące informacje dotyczące wspólnego znajomego, chcemy je poznać! Ale kobieta z klasą unika plotkowania za wszelką cenę. Plotka jest szkodliwa. Plotka może też ranić. Wystarczy wyobrazić sobie siebie samą na miejscu tej osoby, której dotyczy plotka. Czy chciałabyś, żeby inni mówili o tobie w ten sposób? Absolutnie nie. I niech ta myśl zawsze cię powstrzymuje przed plotkowaniem. Możesz powiedzieć słowo w obronie krytykowanej osoby albo się oddalić. Jeżeli nie możesz wyjść, spróbuj przemilczeć plotkę albo po prostu zmienić temat.

Publiczne wystąpienia

Przemawianie przed publicznością niemal zawsze napełnia lękiem. Jednak prędzej czy później każda z nas musi się z tym doświadczeniem zmierzyć. Być może każą ci przygotować prezentację w pracy. Albo jako druhna panny młodej zostaniesz poproszona o wygłoszenie mowy w trakcie wesela. Jeśli zaprosisz jakiegoś gościa do szkoły, gdzie chodzą twoje dzieci, będziesz musiała go przedstawić. Jeżeli jesteś uczennicą, będziesz zmuszona zdać przed klasą relację z przeczytanej lektury. Drogie panie, przemawianie może budzić lęk, ale nie musi, posiadacie bowiem tajną broń w postaci eleganckiego stylu bycia.

Gdy uczęszczałam do szkoły średniej, byłam niesamowicie nieśmiała. Ilekroć nauczyciel prosił mnie, bym przeczytała coś na głos, nie mogłam zapanować nad tremą. Na samą myśl o sali wypełnionej ludźmi wbijającymi we mnie wzrok, ogarniał mnie taki lęk, że miałam ochotę natychmiast uciec do domu, nakryć się kołdrą i spędzić pod nią resztę życia.

W ostatniej klasie szkoły średniej doszłam do wniosku, że to się musi zmienić. Nie mogłam dalej w ten sposób funkcjonować — ciągle się zamartwiać tym, co pomyślą o mnie inni ludzie. Ponieważ byłam świadoma swoich braków i chciałam nad nimi popracować, postanowiłam, że zapiszę się do klasy o profilu teatralnym. Miałam nadzieję, że występy na scenie i wygłaszanie monologu przed grupą rówieśników podziałają jak lekarstwo i pomogą uporać się z lękiem przed przemawianiem.

Pierwsze tygodnie w klasie teatralnej były naprawdę ciężkie. Przed każdym występem drżałam jak osika. Zastanawiałam się, co też mnie podkusiło, żeby się skazywać na takie tortury. Może wystąpienia publiczne po prostu nie są dla mnie! Może miałam tylko podpierać ściany, a nie pchać się do przodu. Na szczęście duma nie pozwalała mi się wycofać. Co więcej, posunęłam się do tego, że zgłosiłam się na przesłuchania do spektaklu szkolnego. W mojej szkole przesłuchania nie były zamknięte, lecz odbywały się w wielkiej, służącej różnym celom sali, w obecności nauczycieli, dyrektora, ludzi z obsługi technicznej i wszystkich uczniów, którzy zgłosili się na przesłuchania. W sumie w pomieszczeniu było około stu osób. Naszym zadaniem było przeczytać na scenie monolog ze sztuki *Rywale* Richarda Brinsleya Sheridana. Czekałam cierpliwie (śmiertelnie przerażona) ponad półtorej godziny, podczas gdy kolejni uczniowie prezentowali wybrany przez siebie fragment tekstu. Dziewczęta monolog Lydii Languish, a chłopcy monolog kapitana Jacka Absolute'a. Gdy oglądałam ich występy, przeprowadziłam ze sobą rozmowę, która miała dodać mi wiary w siebie. Uczniowie startujący w przesłuchaniu z pewnością nie mieli kunsztu Meryl Streep czy też Roberta De Niro. Dlaczego do diaska tak bardzo się znowu wstydziłam? Jeśli oni mogli stać na scenie i monotonnie wygłaszać swój monolog, równie dobrze ja mogłam to zrobić, tyle że z większym talentem. W końcu wywołano mnie na scenę. Kiedy się do niej zbliżałam, serce zaczęło mi walić. Jednak, gdy stanęłam przed tymi wszystkimi ludźmi, coś nagle zaskoczyło. Stanęłam w świetle reflektora. Wzięłam głęboki oddech. Nie pozwoliłam, żeby cokolwiek kazało mi przyspieszać. Przegnałam wszystkie negatywne myśli. I nagle zupełnie jakbym się przeistoczyła. Wczuwając się w rolę Lydii, mówiłam głośno, wyraźnie i z głębokim przekonaniem. Mój głos niósł się jak dzwon i ludzie skupili na mnie uwagę. Z perspektywy czasu postrzegam ten moment jako ten, kiedy po raz pierwszy uświadomiłam sobie, co to znaczy zachować się z klasą. Gdy wróciłam do domu, powiedziałam rodzicom, że pierwszy raz w życiu udało mi się zapanować nad nerwami.

Następnego dnia w szkole uczniowie zgromadzili się licznie w sali teatralnej, w miejscu gdzie wywieszono kartkę z obsadą. Przecisnęłam się przez tłum i z wrażenia o mało nie upadłam, gdy zobaczyłam, że dostałam drugoplanową rolę Julii Melville. Wyobraźcie to sobie — ktoś, kto boi się występów publicznych, nagle otrzymuje rolę w spektaklu! Od tego momentu byłam już całkowicie pewna, że uda mi się pokonać mój strach przed publicznością.

W czasie wystąpień publicznych staraj się zachowywać z klasą, bo to jest twoja tajna broń. Scena nie może cię przytłaczać, to ty powinnaś nią zawładnąć. Musisz stać prosto i mówić pewnie, jak osoba doskonale znająca się na rzeczy. Jesteś ekspertem i to ty najlepiej wiesz, jak wygłosić daną kwestię. Gdy zaczynają cię osaczać negatywne myśli, że pewnie nie podołasz zadaniu, natychmiast staraj się je przegonić. Z pewnością dasz sobie radę. Zobacz, gdzie pada światło reflektorów. Wyjdź na środek i stań prosto. Weź głęboki oddech. Mów głośno, wyraźnie i z przekonaniem. Próbuj utrzymywać kontakt wzrokowy. Zagarnij przestrzeń wokół ciebie — twoja postać musi emanować siłą. Staraj się zachować luz, nie pozwól, aby twoje ciało było usztywnione. W trakcie występu ręce muszą poruszać się swobodnie. Powinnaś grać całym ciałem i nie być tylko gadającą głową. Kiedy skończysz, nie okazuj, że się boisz. Pozostań w miejscu jeszcze chwilę i pozwól wybrzmieć słowom, napawaj się tym, co udało ci się osiągnąć.

Od czasu tego szkolnego przesłuchania odbyłam bardzo długą drogę. Przez ten okres miałam okazję przemawiać do różnego rodzaju publiczności — trzech tysięcy studentów college'u, czterdziestu kobiet na prywatnym seminarium, a poprzez moje wystąpienie w ramach popularnych prezentacji TEDx Talks — do ludzi właściwie na całym świecie. Przyjmij moją radę: jeśli chcesz osiągnąć sukces podczas występów publicznych, pamiętaj o klasie i elegancji.

5 porad dotyczących wystąpień publicznych:

1. Zawładnij przestrzenią: czy stoisz na scenie, czy u szczytu stołu, postaraj się jak najszybciej zapanować nad przestrzenią wokół ciebie, tak żebyś czuła się w niej swobodnie. Zachowuj się tak, jakbyś była odpowiednią osobą na odpowiednim miejscu (bo nią jesteś!).

2. Dobra postawa: wszystkie oczy będą w ciebie wpatrzone. Właściwa postawa odgrywa teraz rolę kluczową. Stań prosto.

3. Głos: upewnij się, czy wszyscy cię słyszą. Mów na tyle donośnie i wyraźnie, byś była słyszalna także na końcu sali. Głos nie powinien wydobywać się tylko z gardła, trzeba mówić z przepony. Postaraj się, aby twoje słowa miały odpowiednią nośność i siłę.

4. Nie bój się ruszać: nie zachowuj się jak jeleń w świetle reflektorów. Ruszaj się. Dobrze jest gestykulować rękami i przemieszczać się po sali (jeśli tylko nie jest to z jakichś względów niestosowne). Gdy jesteśmy filmowane, poprośmy, by podano nam informację, jak daleko możemy się przemieszczać, by nie wypaść z kadru.

5. Nawiąż kontakt: bez względu na to, czy przedstawiasz ofertę potencjalnym klientom, czy wyliczasz zalety panny młodej na weselu, przede wszystkim powinnaś pamiętać o nawiązaniu kontaktu z publicznością. Poproszono cię, żebyś wygłosiła mowę, bo masz przekazać innym określoną wizję. Nie koncentruj się na sobie, lecz na celu, który masz osiągnąć.

Aura tajemnicy

Z wielu powodów kobieta z klasą powinna roztaczać wokół siebie aurę tajemnicy. Jak już wcześniej zostało wspomniane, osoby z klasą zawsze nas intrygują, bo nieczęsto je spotykamy w codziennym życiu. Ich sposób ubierania się, zachowania, poruszania ma w sobie coś nieodgadnionego. Jak udaje im się osiągnąć taki efekt? Jak młoda matka potrafi z takim spokojem okiełznać swoje dziecko, które właśnie dostało napadu złości podczas zakupów w sklepie spożywczym? Co sprawia, że jakaś kobieta wygląda tak stylowo w swoim ubraniu? A jeszcze inna potrafi załagodzić konflikt w pracy, nie tracąc przy tym ani na moment opanowania i równowagi?

Elegancki sposób bycia to przede wszystkim hołdowanie zasadzie: mniej znaczy więcej. Dotyczy to zwłaszcza komunikowania się. Pamiętaj o roztaczaniu aury tajemnicy. Co to oznacza w praktyce? Nie musisz dzielić się każdym szczegółem ze swojego życia ze znajomymi, z którymi utrzymujesz tylko powierzchowny kontakt. Nie omawiasz istotnych kwestii w miejscach publicznych, gdzie każdy może cię podsłuchać. Jeśli już musisz zadzwonić w miejscu publicznym, postaraj się mówić cicho albo odejdź kawałek, żeby nie przeszkadzać innym.

Zamieszczanie postów w Internecie też powinno być przemyślane. Nie musisz informować na Facebooku o każdym swoim osiągnięciu, sukcesie ani o rzeczach trywialnych, przyziemnych. Nie uskarżaj się i zbytnio nie fantazjuj. Nie ma sensu informować o tym, że złamał ci się, na przykład, paznokieć u nogi. Gdy zamieszczasz posty o innych ludziach, zachowaj szczególną ostrożność, by nikogo nie zranić. Nie wstawiaj niezliczonej ilości zdjęć swoich dzieci. Powinnyśmy zawsze mieć na uwadze ich dobro. Gdy dorosną, być może wcale nie będą chciały, by setki ich fotografii krążyły gdzieś w sieci. Musisz znaleźć w sobie dużo empatii. Umieć się postawić na miejscu innej osoby. Jak ty byś się czuła, gdyby ktoś wbrew twoim prośbom udostępnił twoje zdjęcia? Byłoby to ewidentne naruszenie dóbr osobistych. Tych zasad absolutnie nie wolno łamać i powinno się je traktować jak świętość. Pewne rzeczy pozostają prywatne. Media społecznościowe pozwalają się dzielić różnymi sprawami z bliskimi przyjaciółmi i na pewno dostarczają wielu przyjemności, nie powinnyśmy jednak udostępniać intymnych szczegółów z naszego życia setkom ludzi, których prawie w ogóle nie znamy.

Aura tajemnicy powinna nas spowijać także podczas prowadzenia rozmowy. Niektóre rzeczy lepiej zachować dla siebie. Może się zdarzyć, że z przypadkową znajomą zaczniemy się wymieniać negatywnymi opiniami na temat małżonków. Albo znajdziemy się w gronie pracowników, których ulubionym zajęciem jest obgadywanie szefa lub szefowej. Możemy poczuć ochotę, żeby się do nich przyłączyć i dać upust nagromadzonym emocjom. Rozładowywanie emocji z pewnością jest pożyteczne, pod warunkiem że rozmawiamy z kimś zaufanym. Za każdym razem powinnyśmy mieć pewność, że omawiamy różne drażliwe kwestie z właściwą osobą i nie opowiadamy o naszych problemach każdemu, kto się nawinie.

Klasa objawia się na zewnątrz, ale tak naprawdę mieści się w głowie. Jej ważnym składnikiem jest refleksja. Jeśli potrafimy się zdobyć na refleksję, wówczas będziemy mniej skłonne powiedzieć coś niestosownego, co nie będzie w naszym interesie. Nie włączymy się w jałową kłótnię na Twitterze, ponieważ potrafimy zdobyć się na dystans i właściwą ocenę sytuacji. Nasze tajemnice pozostaną bezpieczne. Musimy pamiętać, że elegancki styl bycia wymaga właśnie dystansu i chwili refleksji. Zwłaszcza wtedy, gdy jesteśmy wzburzone czy podekscytowane. Dobrze jest się zatrzymać i zreflektować, by nie powiedzieć słów, których później będziemy żałować.

Część trzecia

Lekcje eleganckiego stylu życia

Rozdział 7

Uprzejmość wobec gości

Bardzo łatwo jest stracić głowę, gdy zaprasza się do siebie gości. Zaczynamy martwić się o wszystko — jak wyglądamy, czy nasz dom jest wystarczająco wysprzątany, czy gościom będzie smakowało jedzenie. Zabawne, że te wszystkie sprawy plasują się bardzo nisko na liście rzeczy uważanych za istotne przez gości. Oczywiście ważna jest dobra prezencja. Nie chciałabyś otworzyć drzwi w powyciąganych dresach ani ze świadomością, że dom wygląda jak kompletne pobojowisko, no i oczywiście zależy ci, by jedzenie smakowało. Ale tak naprawdę goście czekają na… spotkanie z *tobą*! Dobrzy przyjaciele po prostu chcą cię zobaczyć. A także zrelaksować się i pośmiać. Posłuchać najświeższych wieści. Chcą odsapnąć chwilę od własnego życia i cieszyć się twoim towarzystwem. To *ty* jesteś ważna. Wcale nie pragną widzieć cię zestresowaną z powodu zakurzonych listew przypodłogowych. Nie chcą, żebyś zamiast słuchać tego, co mają ci do powiedzenia, zamartwiała się tym, że twoje włosy nie wyglądają tego dnia najlepiej. Nie zależy im na tym, byś bez przerwy ich przepraszała z powodu dania, które dla nich przygotowałaś. Oni się cieszą, że je zrobiłaś!

Madame Chic była uosobieniem eleganckiej pani domu. Zawsze uprzejma i serdeczna. Gdy tylko goście przekroczyli próg jej mieszkania, odbierała od nich płaszcze oraz torby i umieszczała je w wyznaczonym do tego miejscu. Chwilę później serwowano drinki. Wszyscy z przyjemnością piliśmy w salonie nasze aperitify (ta część przyjęcia obiadowego u Madame Chic należała do moich ulubionych!), czemu towarzyszyły ożywione dyskusje. Aperitify skutecznie pobudzały nasz apetyt w trakcie oczekiwania na obiad.

Kiedy Madame Chic prowadziła nas do jadalni, każdemu wskazywała wyznaczone wcześniej miejsce. W pierwszej kolejności jedzenie podawano kobiecie będącej gościem honorowym, potem serwowano dania reszcie pań, a na końcu byli obsługiwani panowie.

Wszystko było starannie zaplanowane i panowała atmosfera pełna godności, choć wcale nie sztywna czy wyniosła. Madame Chic doskonale wiedziała, co należy robić, a my dostrajaliśmy się do jej wymogów. Potrafiła sprawić, że goście czuli się u niej dobrze. W czasie serwowania kolejnych dań, aż do momentu kiedy podawano deser i kawę albo digestif, trwały ożywione i ciekawe rozmowy. Po obiedzie goście przechodzili do salonu, gdzie słuchali muzyki, a wszystko przebiegało tak gładko, jakby chodziło o wypicie kieliszka znakomitego porto. Madame Chic nigdy nie tłumaczyła się z tego, jak mieszka, wygląda ani co przygotowała do jedzenia. Emanowała pewnością siebie i ciepłem. Widać było, że jej celem jest umożliwić gościom miłe spędzenie wieczoru.

Pani domu, która jest elegancka, pewna siebie i dobrze zorganizowana, potrafi sprawić, że goście czują się przy niej zrelaksowani, bo wiedzą, że wszystko będzie przebiegało jak należy. Gdy gość wchodzi do takiego domu, wie, że zostanie mile przyjęty. Uczestniczenie w przyjęciu koktajlowym lub obiedzie może być onieśmielające. Dlatego elegancka gospodyni na pierwszym miejscu stawia dobro gości. To wymaga planowania i odpowiedniego przygotowania. Gdy ktoś wchodzi do twojego domu, powinnaś powitać go w drzwiach, a jeśli jest to akurat niemożliwe, trzeba wyznaczyć kogoś w zastępstwie (na przykład dzieci lub męża). Kiedyś przyszłam na przyjęcie, na którym gospodyni nie pojawiła się, by mnie przywitać, przez jakieś trzydzieści minut, bo była zajęta robieniem drinków i innymi zakulisowymi rzeczami. Nie byłby to wielki problem, gdybym dobrze znała ją albo pozostałych gości, ale ja nie znałam tam nikogo. Sama przedstawiłam się zgromadzonym osobom, ale byłoby znacznie milej, gdyby przychodzących witała gospodyni lub ktoś z domowników. Bez względu na to, jak bardzo jesteś zajęta, musisz odpowiednio zadbać o tych gości, którzy są nowi i nie znają pozostałych osób. Twoim zadaniem jest sprawić, by każda osoba czuła się tak, jakby była gościem honorowym. Gdy rozmawiasz z gośćmi, poświęć im całą swoją uwagę. Nie wypatruj innego rozmówcy ani nie skupiaj się na tym, co dzieje się w drugim końcu pokoju. Wyjątek stanowi sytuacja, gdy ktoś nadużywa twojej uprzejmości i mówi nieprzerwanie. Jeśli czujesz, że przez taką osobę zaniedbujesz pozostałych gości, postaraj się wtrącić „przepraszam" w czasie przerwy w rozmowie i, zanim odejdziesz, przedstawić ją komuś innemu.

Jeśli zapraszasz do siebie tylko jedną lub dwie osoby, wtedy zorganizowanie wszystkiego staje się o wiele łatwiejsze. Spróbuj przyjąć je ciepło i serdecznie, nawet jeśli przychodzą zbyt wcześnie. Nie okazuj zaskoczenia i zawsze miej na uwadze, że nie wszystko musi wypaść perfekcyjnie. Goście przychodzą, żeby się z tobą zobaczyć. Przywitaj ich, zaproś do środka i powiedz, gdzie mogą złożyć swoje rzeczy. Reszta jest już prosta! Możecie zasiąść w fotelach przy kominku z herbatą albo w ogrodzie z jakimś schłodzonym napojem. Jeśli nie musisz z jakiegoś powodu być pod telefonem, postaraj się go schować i nie sprawdzać co pięć minut, czy coś nie przyszło. Poświęć gościom całą swoją uwagę.

Wyzwania gościnności

Zaproś w tym tygodniu do siebie sąsiadkę na herbatę! Jeśli od dłuższego czasu nikogo nie przyjmowałaś, możesz czuć się nieco skrępowana. Czasami tak bardzo izolujemy się od świata, że zaproszenie kogoś do domu może budzić w nas lęk. W lepszych czasach tego rodzaju spotkania były na porządku dziennym. Dzisiaj rzadko odwiedzamy naszych sąsiadów, a oni nas. A przecież tworzymy społeczność. To naprawdę świetna okazja do zacieśniania więzów i zawierania przyjaźni. I nie chodzi tu o jakieś wykwintne przyjęcie. Zwyczajna filiżanka herbaty i ciasteczka (własnego wyrobu lub kupione) w zupełności wystarczą. Twoja sąsiadka z pewnością się ucieszy. Możliwe, że po raz pierwszy w życiu otrzyma takie zaproszenie! Jeśli miło spędzicie razem czas, niewykluczone, że zaczniecie widywać się częściej. Raz na jakiś czas warto jest zwolnić tempo i umówić się po południu z sąsiadką. Takie spotkanie może podziałać ożywczo, a poza tym stanowi doskonałą okazję do praktykowania dobrych manier.

Podawanie jedzenia

Elegancka pani domu dba przede wszystkim o potrzeby gości. Jeśli chodzi o serwowanie jedzenia, przytoczę kilka praktycznych porad. Jeżeli goście przybyli z daleka, żeby się z tobą zobaczyć, powinnaś im zaproponować większy posiłek, a już koniecznie jakąś przekąskę i coś do picia zaraz po przyjściu do domu. Powiedzmy, że twoi goście właśnie dotarli z lotniska albo jechali samochodem ponad godzinę, żeby cię odwiedzić. Podaj im wodę i zapytaj, czy nie chcieliby jeszcze czegoś do picia (zaproponuj kawę, herbatę, napój gazowany, herbatę mrożoną). Jeśli nie jest to akurat pora posiłku, zwykle stawiam na stole talerzyk z przekąskami. Mogą to być herbatniki, owoce albo miseczka orzechów do pogryzania. Nigdy nie pytam, czy mam postawić przekąski, bo z reguły goście są zbyt grzeczni, nie chcą sprawiać kłopotu i odmawiają. Jeśli rzeczywiście nie są głodni i nie sięgają po jedzenie — nie szkodzi. Liczy się przede wszystkim sam gest, a jak się przekonasz, talerz z przekąskami najczęściej jednak się przydaje i goście są za niego wdzięczni.

Kolejna praktyczna porada sugeruje, by nie zapraszać gości w porze posiłków, chyba że zamierzasz ich czymś poczęstować. Gdy wychodziłam z czyjegoś domu z córkami po zakończonej zabawie, nierzadko z głodu odczuwałam mdłości i bolał mnie brzuch, ponieważ lunch otrzymywały tylko dzieci. Rozumiem, że perspektywa serwowania posiłku dla kilkorga dorosłych osób i dzieci może być stresująca, ale w takim razie powinnaś zapraszać gości już po lunchu, na przykład na czternastą. Wtedy wystarczy podać krakersy, sok i winogrona! No i presja będzie znacznie mniejsza.

Używaj swoich najlepszych rzeczy

Piękno wyrasta z potrzeby.
Ralph Waldo Emerson

Żyjemy w czasach rozluźnienia obyczajów, kiedy to obowiązki pani domu przestały być traktowane z należytą powagą albo zostały odesłane do lamusa. Dlatego te z nas, którym nadal zależy na zachowaniu form towarzyskich, powinny dołożyć starań, by tendencje dominujące we współczesnej kulturze nie miały wpływu na sposób przyjmowania gości w naszym domu. Nie wahaj się używać swoich najlepszych talerzy, filiżanek i serwetek, gdy zapraszasz sąsiadkę na herbatę i brownie. Twój gość zapewne nie będzie się spodziewał aż tak wystawnego nakrycia stołu, może więc okazać zdziwienie. Nie popadaj jednak w onieśmielenie i nie próbuj się tłumaczyć. Trzymaj fason, bądź uprzejma i pewna swoich racji. Być może natchniesz swojego gościa do wprowadzenia zmian u siebie: odkurzenia porcelany i używania najlepszych rzeczy na co dzień. Jedno jest pewne — tak postępując, na pewno sprawisz, że twój gość poczuje się kimś wyjątkowym i ważnym. Jeśli nie masz żadnych pięknych naczyń, nie martw się! Nie chodzi o popisywanie się zasobnością swojej kieszeni, lecz o serdeczne przyjęcie, stworzenie miłej atmosfery, spędzenie czasu z drugim człowiekiem. Można dać gościowi odczuć, że jest dla nas kimś szczególnym, nawet jeśli wszystkie talerze, które mamy w domu, są stare i wyszczerbione. Ważne, aby okazać ciepło, dać z siebie to, co najlepsze, a jednocześnie zachowywać się pewnie — właśnie tym możemy zaskarbić sobie czyjąś sympatię.

Gość z klasą

O wiele łatwiej jest występować w roli gościa niż gospodyni, ponieważ nie wymaga to aż takiej organizacji i planowania. Mimo to warto się zastanowić, jak powinien zachowywać się wytworny gość. Panna Bunting, szczera do bólu nauczycielka z piątego sezonu serialu

Downton Abbey, stanowi przykład gościa w najgorszym wydaniu. Regularnie przy obiadowym stole kwestionowała opinie i obrażała swojego gospodarza, hrabiego Granthama, stwarzając wiele żenujących i pełnych konsternacji momentów. Wprawdzie ktoś taki stanowi ciekawy materiał dla filmowców, w realnym życiu jest jednak prawdziwym utrapieniem.

Oto kilka porad, które gość powinien wziąć pod uwagę:

Zawsze przychodź z upominkiem stosownym do okazji. Może to być kosz owoców, butelka wina, domowe ciasteczka, pudełko czekoladek. Kiedy ktoś zaprasza cię do domu, przyniesienie drobnego podarunku jest sposobem wyrażenia naszej wdzięczności.

Staraj się nie przychodzić zbyt wcześnie (ani za późno). Nie przesiaduj u kogoś zbyt długo. W Ameryce przyjęte jest wychodzić z przyjęcia o godzinie sugerowanej w zaproszeniu.

Nie absorbuj zanadto gospodarzy swoją osobą. Pozwól, by mogli się zająć również innymi gośćmi.

Nigdy nie obrażaj swojego gospodarza (patrz panna Bunting).

Gdy dyskusja jest zbyt zagorzała, staraj się nie dolewać oliwy do ognia, wtrącając prowokacyjne uwagi. Pamiętaj, że każdy ma prawo do swojej opinii. Jeśli ktoś ma odmienne zdanie niż ty, może je wyrazić. Jeżeli zauważysz, że atmosfera staje się coraz bardziej napięta, spróbuj zmienić temat albo spojrzeć na całą sytuację z przymrużeniem oka.

Na ten temat mam sporo do powiedzenia, ponieważ przez cały semestr byłam gościem Famille Chic. Od samego początku mojego pobytu było jasne, że moi gospodarze robili wszystko „w określony sposób", a ja bardzo się starałam odkryć, jak najlepiej dostosować się do ich wymogów. Dom mojej nowej rodziny był zorganizowany z poszanowaniem pewnych reguł i nie wszystko było w nim dozwolone. Nigdy na przykład nie porzucałam żadnych swoich rzeczy w salonie; przechowywałam je u siebie. Starałam się też utrzymywać w swoim pokoju należyty porządek. Reszta domu była zawsze idealnie wysprzątana, nie mogłam więc pozwolić na to, by u mnie panował bałagan. Poza tym nie sądzę, by Madame Chic tolerowała nieporządek! Bardzo respektowałam zwyczajowe pory posiłków i nigdy nie wchodziłam do kuchni, żeby podjadać, ponieważ kolidowałoby to z obiadem lub kolacją. Starałam się poddać rytmowi dnia, który obowiązywał w tym domu.

Rodzina Chic miała do dyspozycji tylko jedną łazienkę. Jedno z pierwszych pytań, jakie zadała mi Madame Chic, dotyczyło brania kąpieli — czy wolę się kąpać rano, czy wieczorem. Hm. Pytanie mnie zaskoczyło, bo nigdy wcześniej się nad tym nie zastanawiałam. Dotarło do mnie, że brałam kąpiele o obu tych porach. Lubiłam się kąpać rano, ale czasami także wieczorem, przed pójściem spać. Moja mało konkretna, wymijająca odpowiedź wywołała konsternację na twarzy Madame Chic. Było jasne, że „takie zachowanie" nie jest dobrze widziane. Pod wpływem wymownego spojrzenia mojej gospodyni wybąkałam tylko z zażenowaniem: „Będę się kąpać rano". I tak też zostało. Ponieważ cała rodzina musiała korzystać z tej samej łazienki, trzeba było ustalić grafik. Był on potrzebny po to, by nie dochodziło do spięć, gdyby ktoś spieszył się do pracy, a ktoś drugi wpadłby na pomysł, żeby akurat urządzić sobie kąpiel w wannie pełnej piany.

Pamiętajcie, żeby zamykać drzwi na klucz, gdy jesteście w łazience! No tak, pewnie się domyślacie, co zaraz opowiem. Otóż drugiego dnia po przyjeździe korzystałam z łazienki, gdy nagle do środka wparował Monsieur Chic. POURQUOI nie zamknęłam się na klucz? Cóż za krępująca sytuacja! Monsieur Chic zachował się oczywiście jak na dżentelmena przystało, ale ja czułam się niezręcznie, że w ten sposób zaczął się mój pobyt w cudzym domu.

Gdy jedziemy z wizytą, na przykład do rodziców, albo zatrzymujemy się w hotelu, powinnyśmy zwrócić uwagę na to, w jaki sposób zachowujemy się poza domem. Nie należy dopuścić do tego, by nasze dobre obyczaje przestały nagle obowiązywać. Zaraz po przybyciu na miejsce warto sprawdzić, gdzie można ułożyć rzeczy: wystarczy szafa z kilkoma wolnymi wieszakami lub parę pustych szuflad. Starannie poskładaj swoje ubrania i spróbuj usunąć z widoku walizkę.

Nawet jeśli obsługa hotelowa przychodzi sprzątać, jak to często się zdarza, postaraj się „nie zaśmiecać" pokoju i zaprowadzaj ład w swoich rzeczach. Jeśli zatrzymujesz się u przyjaciół lub rodziny, sama ściel łóżko i utrzymuj porządek w pokoju. Jeżeli musisz żyć na walizkach, postaraj się, by ubrania były tak schludnie poukładane, jak to tylko możliwe. Wszystkie dobre nawyki, które stosujemy u siebie w domu, powinny obowiązywać również poza nim, na przykład w czasie zagranicznych podróży.

Kiedyś podróżowałam służbowo razem z koleżanką z pracy. Któregoś dnia weszła do mojego pokoju w hotelu i zażartowała, że niepotrzebnie ścielę łóżko, bo odbieram chleb obsłudze hotelowej. Robię tak, bo nie znoszę bałaganu! Nie potrafię się skupić, kiedy na łóżku leży skotłowana pościel. Ale mam też swoje wady. Zauważyłam, że kiedy jadę odwiedzić rodziców, zamieniam swój pokój w istne pobojowisko! Jak gdybym wraz z przyjazdem do rodzinnego domu cofała się w czasie i znów była niesforną nastolatką. Kiedy któregoś dnia do mojego dawnego pokoju weszły moje córki, dopiero do mnie dotarło, jaki panuje w nim rozgardiasz — ubrania i inne rzeczy były rozrzucone w pobliżu walizki, wisiały na krześle, leżały na łóżku. Nie chcę dawać dzieciom złego przykładu i teraz szczególnie się pilnuję, gdy jedziemy odwiedzić rodziców.

Jak być dobrym gościem na dłużej:

Zawsze przywoź gospodarzom jakiś upominek.

Nigdy nie zostawiaj swoich rzeczy w pomieszczeniach ogólnie dostępnych, przechowuj je w swoim pokoju.

Utrzymuj w nim porządek.

Zawsze po sobie sprzątaj, zwłaszcza w łazience i w kuchni.

Szanuj zasady panujące w domu.

Respektuj ustalone pory posiłków.

Pamiętaj, żeby nie blokować łazienki, którą dzielisz z innymi.

Nigdy nie prowadź rozmów przez telefon w towarzystwie gospodarzy; zawsze najpierw przeproś, zanim zadzwonisz lub odbierzesz telefon.

Staraj się nie wysyłać esemesów ani nie wpatrywać w ekran telefonu, gdy jesteś w towarzystwie gospodarzy.

Jeśli zostajesz u kogoś na dłużej, pamiętaj, abyś dała swoim gospodarzom nieco oddechu. Spróbuj wyjść gdzieś po południu na własną rękę. Nie oczekuj, że bez przerwy będą się tobą zajmować.

Zaproponuj, że zrobisz obiad, lub zorganizuj wyjście do restauracji przynajmniej raz w trakcie swojego pobytu.

Na zakończenie zostaw im w prezencie mały upominek lub kartkę z podziękowaniami.

Ściągnij pościel z łóżka w ostatni poranek twojego pobytu.

Elegancka gospodyni wie doskonale, jak ważne jest ciepłe powitanie przybyłych, by wytworzyła się miła domowa atmosfera. Często zaprasza gości w celach towarzyskich. Jej dom zawsze tętni życiem i ludzie lubią w nim przebywać. Dlatego, bez względu na to, czy występujesz w roli gospodyni, czy też gościa, staraj się budować wartościowe relacje z ludźmi i regularnie je podtrzymywać; niech wzbogacają twoje życie.

Rozdział 8

NIENAGANNE MANIERY PRZY STOLE

Nie wiem jak wy, ale ja dostaję niestrawności, gdy podczas posiłku panuje rozgardiasz. Spokój, porządek i dobre maniery to wszystko, czego nam potrzeba, żeby się delektować jedzeniem. Dlaczego zatem tak ciężko jest to osiągnąć w środowy wieczór? Idealnie byłoby, gdyby w porze posiłku wszystkie czynności niezwiązane z obiadem zostały zawieszone. Jeśli spożywasz posiłki sama, nietrudno jest zapewnić sobie spokój. Nikt nas nie rozprasza, nikt nie wpatruje się w ekran telefonu, wszystko jest w zasięgu ręki, nie trzeba wstawać ani wycierać niczyjej buzi (poza swoją własną, oczywiście). Ale rodzinny posiłek? To już wyższa szkoła jazdy. Może się zdarzyć, że członkowie rodziny będą zasiadać do stołu i od niego odchodzić, ilekroć przyjdzie im na to ochota. Gdy razem z nami jedzą małe dzieci, możesz być przez cały czas zajęta ich obsługą. Ktoś wywróci szklankę z sokiem winogronowym i poplami biały obrus. Ktoś inny wysmaruje keczupem podkładkę pod talerz. Mężowi się odbije. Takich sytuacji nie da się wykluczyć i na pewno są one dalekie od ideału eleganckiej kolacji, z którym zasiadałaś do stołu.

Nie bój się! Na szczęście, bowiem kształtowanie eleganckich nawyków przy stole zaczyna się od c i e b i e i zawsze od ciebie. Jeśli masz małe dzieci, które traktują stół jak świetne miejsce do zabawy, po prostu z czułością i cierpliwie ucz je dobrych manier i pamiętaj, że ten okres w życiu nie trwa wiecznie. Kiedy spoglądam na swoją milusińską, jak balansuje na krześle i wsadzając piąstki do talerza, pałaszuje groszek, myślę sobie, że nie będzie przecież tak się zachowywać w wieku dwudziestu czterech lat (taką przynajmniej mam nadzieję!).

Ciesz się, że to właśnie tobie przypada rola arbitra elegancji, który naprowadza innych na właściwą drogę i pomaga zmienić złe nawyki. Gdy zajmiesz już swoje miejsce przy stole, postaraj się siedzieć prosto (pamiętaj, jak ważna jest odpowiednia postawa!). Rozłóż na kolanach serwetkę i rozkoszuj się posiłkiem. Nie spiesz się, nawet jeśli wszyscy dokoła połykają swoje jedzenie łapczywie i w pośpiechu. Jeżeli zwracasz uwagę dzieciom, powinnaś to robić w sposób uprzejmy i miły. Staraj się nie krzyczeć, nie podnosić głosu i nie wydawać ciągłych poleceń. Chcemy, żeby dzieci polubiły dobre maniery przy stole. Postaraj się, aby czuły, że eleganckie zachowanie popłaca i jest ciepło odbierane.

Gdy przygotowujemy posiłek, nakryjmy stół obrusem i pieczołowicie ustawmy na nim talerze, rozłóżmy sztućce i podajmy napoje. W naszym domu obowiązuje pewien stary, piękny zwyczaj: każdego dnia przełamujemy się chlebem. Kiedy nakrywamy do stołu, robimy to z myślą o jedzeniu, ale jednocześnie pielęgnujemy nasze relacje, wzmacniamy więzi i ładujemy akumulatory. Właściwe odżywianie się jest bardzo ważne dla naszego organizmu. Dlatego przy stole powinien panować spokój i skupienie. Jeśli spożywamy obiad i jednocześnie śledzimy Instagram albo szukamy czegoś w iPhonie, nie skupiamy się na jedzeniu, a właśnie to powinnyśmy robić.

Podtrzymujmy dobre obyczaje związane ze spożywaniem posiłków. Nie jedzmy przed telewizorem ani samotnie w swoim pokoju. Spędzajmy czas ze sobą i spotykajmy się właśnie przy jedzeniu. Przywróćmy do łask stare tradycje, takie jak wznoszenie toastów, składanie podziękowań i czekanie aż wszyscy skończą, zanim wstaniemy od stołu. Opowiadajmy, jak każdemu z nas minął dzień. Podziękujmy tej osobie, która przygotowała dla wszystkich posiłek. Pomóżmy sprzątnąć ze stołu. Siedźmy prosto i cieszmy się spożywanym wspólnie posiłkiem, nawet jeśli po raz kolejny będzie to pizza! I nawet jeśli tylko tobie zależy na podtrzymaniu dobrych obyczajów, nie zniechęcaj się, lecz postępuj tak, jak sobie zamierzyłaś. Bądź tą osobą, która przywróci dobre maniery przy stole.

JAK JEŚĆ TRUDNE POTRAWY

Aby uniknąć takich problemów, jakie miała bohaterka filmu *Pretty Woman* (scena z jedzeniem ślimaków), lepiej zawczasu dowiedz się, jak spożywać trudne potrawy.

KARCZOCHY: jemy palcami. Odrywamy listek po listku i maczamy w sosie. Odgryzamy miękką część liścia, a resztę odkładamy na przeznaczony do tego talerz.

SZPARAGI: jeśli są jędrne i bez sosu, możemy trzymać je w palcach, ujmując za twardy koniec. Jeśli są polane sosem, posługujemy się nożem i widelcem. Gdy nie mamy co do nich pewności, używajmy sztućców.

POMIDORKI KOKTAJLOWE: kiedy są podane w charakterze przekąski, zawsze wkładajmy cały pomidorek do ust. Nigdy nie próbujmy go nagryzać, bo sok może prysnąć komuś w twarz (co nie jest chic). Kiedy stanowią składnik sałatki, możemy je ostrożnie przekroić, posługując się nożem i widelcem.

ŚLIMAKI: są śliskie i „trudne w obsłudze". Jedną ręką przytrzymaj muszlę szczypczykami do owoców morza, a następnie, za pomocą specjalnego widelczyka do owoców morza, wyciągnij z jej środka zawartość. Umocz mięso ślimaka w sosie.

HOMAR ALBO KRAB: do rozłupania pancerza użyj dziadka do orzechów, a mięso wyciągnij specjalnym widelczykiem. Następnie umocz kawałeczki mięsa w sosie i delektuj się smakiem potrawy! Jeśli szczypce skorupiaka są małe, mięso można ze środka wyssać, powinnyśmy się jednak wystrzegać niepożądanych i nieeleganckich dźwięków.

OSTRYGA: można ją polać wyciśniętym sokiem z cytryny. Ostrygę podważamy delikatnie specjalnym widelczykiem. Dodajemy dowolny sos, na przykład mignonette albo koktajlowy. Następnie podnosimy ostrygę i wolno zsuwamy ją do ust. Nie możemy w tym momencie wciągać powietrza, bo ostryga wpadnie nam do tchawicy (byłam świadkiem podobnego zdarzenia i nie wyglądało to pięknie).

SPAGHETTI: nawiń kilka nitek makaronu (i tylko „kilka") na widelec i zjedz. Nie bierz za dużo, bo chyba nie chcesz się zmagać z wielką kulą makaronu, którą trzeba będzie jakoś skonsumować, a jeśli się nie da — zrzucić wszystko i zaczynać od początku. Jeśli chcesz, przy nawijaniu makaronu możesz wspomagać się łyżką.

Madame Chic, jeśli już mnie poprawiała, robiła to bardzo taktownie. Na tyle taktownie, że czasami nawet nie zdawałam sobie z tego sprawy. Zazwyczaj chętnie przyjmowałam jej uwagi, ale pod koniec mojego pobytu udzieliła mi pewnej rady, która nie do końca mnie przekonała…

Famille Chic miała w zwyczaju serwować bagietkę do każdego obiadu (a w praktyce również do każdego śniadania i, prawdopodobnie, także do lunchu). Na koniec obiadu z reguły podawano deskę serów, która wędrowała dokoła stołu, przekazywana z rąk do rąk. Najpierw zazwyczaj podsuwano ją mnie, ponieważ byłam gościem honorowym i kobietą. Wybierałam kawałek sera (zwykle był to mój ulubiony camembert) i przekazywałam deskę z powrotem Madame Chic, która również brała kawałek dla siebie. Deska serów nie jest zbyt znana w Ameryce, dlatego z reguły najpierw smarowałam całą kromkę serem, a potem odgryzałam z niej kolejne kęsy. W ten sposób popełniałam największe *fromage* faux pas, jakie można sobie wyobrazić. Jestem pewna, że Madame Chic przyglądała mi się ze skrywanym przerażeniem, gdy rozsmarowywałam camembert na chlebie. Jednak przez pierwsze pięć miesięcy znosiła moje nieokrzesane zachowanie w dyskretnym milczeniu. Aż któregoś wieczoru albo miała przypływ odwagi, albo doszła do wniosku, że nie może pozwolić, bym wróciła do Ameryki z nieprawidłowymi nawykami, dość że postanowiła mnie trochę podszkolić. Bardzo delikatnie, tak by mnie nie urazić, wyjaśniła, że we Francji (na wypadek, gdybym przez ostatnie pięć miesięcy jeszcze tego nie zauważyła!) odłamuje się niewielki kawałeczek chleba i rozsmarowuje na nim odrobinę sera, a następnie cały smakowity kawałek wkłada do ust. Czynność tę powtarza się tak długo, aż zje się w ten sposób całą porcję chleba i sera. Tamtego dnia musiałam być w nie najlepszym humorze, bo odpowiedziałam Madame Chic: „Przykro mi, ale to wszystko wydaje mi się zbyt skomplikowane. Co to ma za znaczenie, w jaki sposób jem ser — ważne, że mi smakuje".

Była to odpowiedź w stylu panny Bunting. Zapadła niezręczna cisza. Madame Chic przeprosiła i skupiła się na swojej porcji sera. Na twarzach mężczyzn siedzących przy stole pojawiły się czerwone plamy. Hm. Z pewnością mogłam to zręczniej załatwić! Ale z reguły gdy ktoś nas poprawia, zaczynamy się bronić. Wolimy myśleć, że robimy wszystko prawidłowo. Moje ego nie potrafiło się uporać z tym, że przez pięć miesięcy jadłam ser nie tak jak należy. Gdybym mogła cofnąć czas, powiedziałabym po prostu: *Merci* (nawet gdybym była zdenerwowana) i spróbowała jeść ser w taki sposób, jak radziła mi Madame Chic. Gdy żyjemy w innej kulturze i nieświadomie popełniamy jakieś faux pas, zamiast się bronić, lepiej jest spróbować dostosować swoje zachowanie do obowiązujących zwyczajów. Kto wie, może nawet polubicie ten nowy sposób i tak jak ja dojdziecie do wniosku, że jednak zawsze warto nauczyć się czegoś nowego!

WYJŚCIA DO RESTAURACJI

Drodzy rodzice, tak, wiem, już nigdy nie uda wam się zjeść obiadu w kulturalnej atmosferze. Przy stole dzieci bezustannie coś rozlewają, wiercą się, marudzą i wygłupiają bez końca. Pewnie marzycie o tym, żeby choć jeden wieczór upłynął wam w spokoju. Wychodzicie z dziećmi do restauracji, a one zaczynają rozrabiać. Najprościej byłoby po prostu wyciągnąć telefon albo iPada i zaproponować pociechom, żeby coś obejrzały i posiedziały spokojnie choć chwilę. Ale zachęcam was gorąco, żebyście tego nie robili. Dzieci muszą się nauczyć siedzieć przy stole i nawiązywać kontakt z innymi ludźmi bez potrzeby wspomagania się telefonem. Należy wpajać im dobre maniery i wytrwale przy tym obstawać, bez względu na to, jak wiele nerwów będzie was to kosztowało. Dzieci powinny zrozumieć, jak wielką wartość ma wspólny posiłek całej rodziny przy stole. Nie pozwólcie, by siedziały otumanione niczym zombi, wpatrując się w ekrany telefonów, byście wy mogli złapać chwilę oddechu. Nie martwcie się, dzieci szybko dorastają i już niedługo będziecie zabierać swojego mądrego syna albo córkę ze sobą na lunch, śmiać się z ich dawnych wybryków i wspominać, jak wczołgiwali się pod stół, żeby połaskotać mamę w stopę.

Faux pas w barze

Podczas spotkań towarzyskich staraj się nie nadużywać alkoholu. Trzeba znać swoje możliwości i nie przekraczać ustalonych granic. Nigdy nie zasiadaj za kierownicą po alkoholu. Jazda na lekkim rauszu to także jazda po pijanemu. Osoba z klasą potrafi trzymać się w ryzach. Ja w czasie towarzyskiego spotkania przy obiedzie wypijam lampkę wina i to w zupełności mi wystarcza. Dwie lampki to już absolutne maksimum. Miałam okazję bywać na obiedzie w towarzystwie ludzi, którzy wypijali więcej niż siedem różnych drinków w czasie jednego posiłku! Jeżeli ktoś ma klasę, to nie potrzebuje alkoholu do tego, żeby dobrze się bawić. Jeśli podejrzewacie, że macie problem z alkoholem, bądźcie ze sobą szczerzy. Uzależnienie to poważny problem. W takim wypadku trzeba szukać profesjonalnej pomocy — dołączyć do wspólnoty AA i realizować Program 12 kroków lub jakiś inny skierowany do osób uzależnionych od alkoholu. W kwestii narkotyków mam tylko jedną poradę: po prostu powiedzcie *non*!

PORADNIK: DEGUSTACJA WINA

Gdy przystępujemy do degustacji wina w restauracji, musimy pamiętać o trzech elementach — wyglądzie, aromacie i smaku.

WYGLĄD: przyjrzyj się winu w kieliszku, by ocenić jego kolor. Wina białe powinny być jasne i klarowne, nie zmętniałe. Wina czerwone powinny się odznaczać mocną i czystą barwą, a wino rosé musi mieć różowy odcień lub być lekko przydymione.

BUKIET: zamieszaj wino, kręcąc kieliszkiem i wciągnij w nozdrza jego zapach. Wąchanie wina to tak naprawdę już smakowanie, ponieważ poszczególne nuty podpowiadają nam, czego możemy oczekiwać. Jakie nuty wyczuwasz? Postaraj się o nich pamiętać, gdy zaczniesz próbować wino.

SMAK: weź niewielki łyk wina. Czy wyczuwasz słodycz? Gorycz? Bogaty wyrazisty smak? Czy twoje odczucia smakowe współgrają z węchowymi? Czy wszystkie smaki są odpowiednio zharmonizowane? Jeśli tak, nalej wino do kieliszków i rozkoszuj się nim.

Jedzenie nie musi być stresujące. Przełamywanie się chlebem z innymi to jedno z najpiękniejszych życiowych doświadczeń. Gdy na co dzień staramy się kultywować dobre maniery przy stole, wówczas bez względu na to, czy jemy posiłek samotnie w domu, czy też z przyjaciółmi w wykwintnej restauracji, dobrze jest pamiętać, że najważniejszą rzeczą jest umiejętność delektowania się jedzeniem. A gdy jesteśmy w towarzystwie, możemy czerpać radość także ze wspólnego biesiadowania. Osoby z klasą potrafią cieszyć się tym, że zasiadają do ładnie nakrytego stołu i starają się spożywać posiłek w elegancki sposób, bo wiedzą, że wzmacnia to poczucie własnej wartości.

Rozdział 9

CHEZ VOUS I DALEJ

W życiu będziesz podróżowała do wielu miejsc, ale za każdym razem będziesz wyruszać z domu. Jeśli zaprowadzisz w domu ład, wtedy utrzymasz go także poza nim. Osoba z klasą zachowuje się elegancko zawsze i wszędzie, zarówno za zamkniętymi drzwiami, jak wśród ludzi. Klasa to styl życia. Przyjrzyjmy się temu, jak zachować klasę *chez nous* i dalej.

Zaprowadzanie porządku to również okazja do ćwiczenia się w eleganckim stylu życia. Bałagan i nadmiar rzeczy wywołują stres. Kojarzą się z zamętem. Pamiętaj, że to właśnie u siebie w domu możemy szlifować klasę. To, co wyniesiemy z domu, będziemy demonstrować również poza nim. Zaangażowanie się w utrzymywanie porządku we własnym domu pozwala ćwiczyć samodyscyplinę, a to z kolei kształtuje nasz charakter i w ostatecznym rozrachunku klasę.

Podobnie jak w przypadku ubrań, mamy tendencję do przechowywania w domu zbyt wielu rzeczy, które swój najlepszy okres dawno już mają za sobą, nie pasują do innych i nawet nie są przez nas specjalnie lubiane. Mój mąż ma na nie wszystkie jedno określenie: „azbw" — absolutnie zbędne bezguście do wyrzucenia. Lampa o kształcie sowy, którą dostałaś w college'u. Wyszczerbiona zielona misa na owoce, z którą jakoś trudno ci się rozstać. Zdezelowany kufer, nabyty w czasie wyprzedaży garażowej. Uschnięte storczyki, stojące pod ścianami domu. Ramka do zdjęć, która do niczego nie pasuje. Z łatwością możesz się tych wszystkich rzeczy pozbyć. Wyrzuć je, jeśli są połamane, albo oddaj komuś, kto zrobi z nich użytek. Upewnij się, czy wszystkie twoje rzeczy są w idealnym stanie, czy pasują do charakteru wnętrza i czy w ogóle są potrzebne. Lepiej jest mieć mało mebli niż za dużo, bo wszelki nadmiar prowadzi do chaosu. Obejdź wszystkie pokoje i sprawdź, co dałoby się z nich usunąć. Może to wysokie krzesełko dla dziecka, z którego twoja pociecha już dawno wyrosła, albo świecznik, którego od roku nie udaje się z niczym zestawić, a może okropny budzik, który przyprawia cię o palpitacje serca za każdym razem, gdy na niego patrzysz — spokojnie możesz się tych rzeczy pozbyć. Początkowo na pewno będzie ci trudno. Ale gdy już raz rozpoczniesz proces oczyszczania domu ze zbędnych rupieci, poczujesz radość z odniesionego sukcesu. Udało się! Potrafisz się na to zdobyć! Nabierzesz rozpędu i przekonasz się, ile twój dom zyskał po oczyszczeniu go z „azbw".

Tak jest, bałagan, porządek i klasa — wszystkie te rzeczy się w jakiś sposób łączą. Gdy zaprowadzasz ład w swoim domu, budujesz zdrową atmosferę i stwarzasz warunki do kultywowania eleganckiego stylu życia. Jeżeli twój salon pęka w szwach od nadmiaru rzeczy i panuje w nim totalny chaos, wtedy podświadomie zaczynasz sama iść tym tropem, o czym świadczą twoje zachowanie i ubiór. Zamiast nosić elegancką piżamę, kładziesz się spać w niegustownym starym dresie, bo cóż to w końcu za różnica? Żyjesz w poczuciu klęski i dlatego chodzisz przygarbiona. Masz wrażenie, że ta góra rzeczy, która cię przygniata, jest nie do ogarnięcia; kto miałby jeszcze czas, żeby zadbać o siebie? Jeśli w twoim domu rządzi bałagan, to czy możemy tu mówić o klasie? Zakrawałoby to na oszustwo i może tak właśnie się czujesz. Kogo próbujesz oszukać, pozując na kobietę z klasą, skoro w twoim domu panuje całkowity chaos?

Spróbuję cię pocieszyć. Można żyć z klasą bez względu na miejsce zamieszkania i okoliczności. Powiedzmy, że twoja współlokatorka jest straszną bałaganiarą. Sposób, w jaki ona żyje, pozostaje całkowicie poza twoją kontrolą, ale to nie znaczy, że masz zrezygnować ze swoich ambicji prowadzenia eleganckiego stylu życia. A może jesteś mamą trójki dzieci i czujesz się zniechęcona tym, że w całym domu leżą porozrzucane zabawki — samochodziki, pojazdy kosmiczne i lalki. Gdzie tu myśleć o klasie, jak ciągle trzeba ścierać ślady błota i sprzątać góry zabawek? Będzie o tym mowa jeszcze w dalszej części książki, ale już teraz chciałam cię przekonać, że właśnie te najtrudniejsze sytuacje stwarzają najlepsze okazje do ćwiczenia się w eleganckim stylu życia.

Dwa rodzaje działań

Przyjrzymy się dwóm rodzajom działań, które pomogą należycie zadbać o porządek w domu. Pierwsze zajmie nam nieco więcej czasu, weekend lub dwa, a jego celem jest pozbycie się różnych mniejszych i większych przedmiotów z domu, a także wyrobienie sobie odpowiednich nawyków. Drugi rodzaj działania wymaga codziennego zaangażowania. Składają się nań wszystkie małe decyzje, które podejmujemy każdego dnia, starając się utrzymać porządek w domu.

Ten rodzaj zaangażowania w sprzątanie nigdy się nie kończy. Nawet jeśli twoja rodzina ma skłonności do bałaganiarstwa i nie ceni sobie porządku tak bardzo jak ty, nie ustawaj w swoich dążeniach. Nie pozwól, żeby inni ściągnęli cię w dół! Jeżeli masz dzieci, twój sposób dbania o porządek na pewno w jakiś sposób wywrze na nie wpływ. Dobre nawyki — zdyscyplinowanie i właściwa organizacja pracy — zostaną z nimi na zawsze. Postaraj się wprowadzić pewne rutynowe zasady postępowania w kwestii dbania o porządek. Na przykład zawsze segreguj i odkładaj przychodzącą pocztę w to samo miejsce. Po skończonym śniadaniu staraj się wszystko pochować, a nie zostawiać na wierzchu aż do następnego posiłku. Odnoś brudne rzeczy do kosza na pranie — nie trzymaj ich porozrzucanych na podłodze w pokoju albo na wieszakach w łazience. Wprawdzie początkowo będzie ci się wydawać, że te drobne porządki niepotrzebnie kradną twój czas, ale ostatecznie okaże się, że dzięki nim nie tylko wokół ciebie, ale i w tobie zapanuje większy ład.

Nawet jeśli w okresie dorastania nie miałaś dobrych wzorców do naśladowania, nigdy nie jest za późno, by się czegoś nowego nauczyć, zmienić stare przyzwyczajenia i rozpocząć bardziej uporządkowane, piękniejsze życie. Przeanalizuj, jak najlepiej wszystko przechowywać, począwszy od przyborów do makijażu, a skończywszy na szczotkach do włosów. Czy leżą w nieładzie na dnie twojej szuflady, czy też wypracowałaś jakąś metodę przechowywania tych rzeczy?

Czy kiedy wyciągasz z szuflady suszarkę, prostownica i lokówka oraz dwie szczotki do włosów również wypadają na podłogę? Jeśli tak jest, przyjrzyj się dokładnie temu, co i jak magazynujesz. Najprawdopodobniej masz wiele rzeczy, których nigdy nie używasz i nie potrzebujesz. Najczęściej dotyczy to szafek w łazienkach. Trzymamy w nich rozmaite butelki z resztką jakiegoś kosmetyku, darmowe próbki i stare zakurzone świece. Wszystkie te rupiecie, jeżeli ich nie używasz, powinnaś wyrzucić.

Jak być dobrym sąsiadem

> Dobry sąsiad to człowiek,
> Który się uśmiecha do ciebie zza płotu, ale
> Przez niego nie przechodzi.
>
> Arthur Baer

Wszyscy chcemy mieszkać w dobrej dzielnicy i mieć dobrych sąsiadów. Jednak naprawę obyczajów powinniśmy zaczynać od samych siebie. Gdy staramy się być jak najlepszymi sąsiadami, dążymy do podniesienia prestiżu dzielnicy i możemy zainspirować innych, aby zrobili to samo. Oto kilka porad, jak zostać dobrym sąsiadem.

Pilnuj porządku od frontu domu. Bez względu na to, czy wynajmujesz dom, czy jesteś jego właścicielem, nigdy nie pozwól, by ogródek lub podwórko od frontu były zaniedbane. Jednym z moich ulubionych seriali jest *Co ludzie powiedzą?* Zawsze wybuchałam śmiechem, widząc zgrozę malującą się na twarzy Hiacynty Bucket, kiedy przychodziła z wizytą do domu swojej siostry Daisy. Podwórko Daisy od frontu wyglądało doprawdy niesamowicie: zdezelowany stary samochód, połamany płot i wszechobecne, poniewierające się butelki. Choć w telewizji wygląda to zabawnie, to jednak wcale nie byłoby mi do śmiechu, gdybym musiała koło takich ludzi mieszkać. Jeśli posiadasz ogródek, musisz o niego dbać. A jeżeli od frontu masz tylko werandę lub same drzwi, nie stawiaj przy wejściu niepotrzebnych klamotów. Często zamiataj wokół wejścia. Systematycznie usuwaj też wszelkie śmieci.

Nie hałasuj. Jeśli chcesz urządzić głośne przyjęcie, dobrze jest uprzedzić zawczasu sąsiadów. Staraj się nie przedłużać przyjęć aż do świtu, lecz kończ je o przyzwoitej porze, jeśli nie chcesz mieć do czynienia z policją. Masz sąsiadów za ścianą — nie puszczaj głośnej muzyki w porze snu. A jeśli inni zajmują lokal pod twoim mieszkaniem — postaraj się nie tupać ani nie pozwalaj dzieciom skakać bez ustanku.

Kontroluj oświetlenie. Jeżeli na zewnątrz masz zainstalowane jakieś lampy, upewnij się, że światło nie pada o północy na sypialnię sąsiadów.

Nie pozwalaj twemu psu bezustannie szczekać. Jeżeli masz psa, który ciągle ujada (tak, to o tobie,

Gatsby)*, nie zostawiaj go na zewnątrz, kiedy nie ma cię w domu, bo będzie ujadał na całą okolicę i nie da sąsiadom chwili spokoju.

Omawiaj konfliktowe sprawy osobiście. Jeśli są jakieś sporne kwestie do wyjaśnienia, najlepiej jest się spotkać i wyjaśnić je w bezpośredniej rozmowie. Kiedyś moja sąsiadka miała w zwyczaju zapalać o drugiej w nocy lampę w swoim gabinecie. Strumień światła z jej pokoju przedostawał się do mojej sypialni i wybudzał mnie ze snu. Zastanawiałam się już, czy nie zainstalować u siebie rolet zewnętrznych. Ale gdy pewnego dnia sąsiadka spacerowała z psem, zagadnęłam ją, czy mogłaby nie otwierać żaluzji. Kobieta bez problemu się zgodziła i przeprosiła. Podziękowałam jej za uprzejmość. Sprawę udało się załatwić natychmiast.

Poznaj swoich sąsiadów. Jeśli obok was wprowadzili się nowi sąsiedzi, na powitanie możesz upiec ciasteczka albo narwać koszyk owoców z ogrodu i zanieść im w prezencie. Spróbuj się zapoznać z nowymi sąsiadami i utrzymywać z nimi przyjazne relacje. Mów im „dzień dobry" i od czasu do czasu zaproś na herbatę. Gdy sąsiedzi przyjaźnią się ze sobą, wytwarza się miła atmosfera i nawiązują więzi społeczne.

* Imię psa Jennifer L. Scott (przyp. tłum.).

NIE TYLKO DOM

Colin Cowie, słynny organizator imprez, napisał w swojej książce *Szyk*, że kiedy przeprowadzał rozmowę kwalifikacyjną z kandydatkami, które zamierzał zatrudnić, miał w zwyczaju zerkać, jak wyglądają wnętrza ich torebek (oczywiście z daleka!) albo odprowadzał panie do samochodu, żeby ukradkiem zajrzeć do środka ich aut. Tego rodzaju wywiad wiele mu mówił o kandydatce. Jeśli po samochodzie poniewierały się opakowania po fast foodach, stare skarpetki, stosy papierzysk, a na fotelach widać było ślady popiołu z papierosów, komunikat był jasny — właścicielka samochodu nie dba o swoje otoczenie. Utrzymywanie porządku w swoich rzeczach i otoczeniu również świadczy o twojej klasie.

Jak być kobietą z klasą w pracy

Także w pracy powinnyśmy pamiętać o tym, by zachowywać się z klasą. Potencjalny awans, to, ilu zyskasz klientów — to wszystko zależy od ciebie! (Tylko się nie zestresuj). Bez względu na to, czym się zajmujesz, czy jesteś wielką szychą, czy segregujesz listy w kancelarii, elegancki styl to twój największy atut w pracy. Dzięki temu, że masz klasę, zostaniesz zauważona i daleko zajdziesz. Jest wprawdzie sporo rzeczy, które powinnaś sobie w tym miejscu przyswoić, ale nie czuj się nimi przytłoczona. Oto kilka przypomnień.

Zawsze postępuj etycznie i z godnością. Jedną z najważniejszych rzeczy w pracy jest uczciwość. Twoi współpracownicy i klienci muszą czuć, że są w dobrych rękach i mogą ci zaufać. Zawsze staraj się być szczera — wtedy, gdy odbijasz kartę zegarową i wówczas, gdy wyliczasz swoje osiągnięcia podczas rozmowy kwalifikacyjnej.

Pierwsze wrażenie jest ważne. Bez względu na to, czy rozmawiasz z nowym klientem, czy nowym dyrektorem oddziału, zawsze wstawaj, gdy jesteś komuś przedstawiana. Wymień mocny uścisk dłoni (nigdy *faire la bise*!), pamiętaj o utrzymywaniu kontaktu wzrokowego i o uśmiechu.

Bądź dobrym słuchaczem. Powiedzmy, że szef zadaje ci pytanie, co mogłabyś usprawnić w swojej pracy. To rani twoją dumę. Możesz zacząć zachowywać się defensywnie, być zdenerwowana, a nawet przygnębiona. Ale znacznie lepiej byłoby, gdybyś dumę schowała na chwilę do kieszeni i spróbowała się naprawdę wsłuchać w słowa szefa. Bądź ze sobą szczera. Czy to, co mówi twój przełożony, jest zasadne? Pokaż mu, że naprawdę go słuchasz, doceniasz jego rady i chcesz się do nich stosować. Klienci lubią, jak się ich słucha. Tak samo współpracownicy i sam szef. Jeżeli potrafisz słuchać innych w pracy, oznacza to, że umiesz pracować w zespole. Ludzie będą cię za to szanować i chętnie wysłuchają również ciebie.

Postaraj się okazywać gotowość do działania. Wiem, że jesteś zmęczona, a to poniedziałkowe poranne spotkanie jest beznadziejnie nudne i długie. Mimo to spróbuj wykrzesać z siebie trochę energii, usiądź prosto i okazuj zainteresowanie. W ten sposób zwiększysz efektywność pracy całego zespołu i być może sprawisz, że inni też poczują przypływ energii. Twój entuzjazm może być zaraźliwy. Prawdziwi liderzy są entuzjastyczni i pełni energii, a nie ospali i apatyczni.

Zawsze stosownie się ubieraj. W razie wątpliwości bezpieczniej jest włożyć zbyt zachowawczą sukienkę niż wyzywającą. Nigdy nie noś takich ubrań, które odsłaniają zbyt wiele — są albo za krótkie, albo mają zbyt głęboki dekolt. Ubieraj się zgodnie ze swoimi aspiracjami — dostosuj swój strój do wymarzonej pracy, a nie do tej, którą masz. Staraj się zawsze dobrze prezentować. Pierwsze wrażenie jest ważne i ludzie z reguły formułują opinie na twój temat, jeszcze zanim w ogóle zdążysz się odezwać. Upewnij się, że twojemu wyglądowi nic nie można zarzucić.

Nie eksponuj tatuaży i piercingu. Jeśli pracujesz w dość konserwatywnym środowisku, najlepiej noś takie ubrania, które zakryją tatuaże i piercing. Czy to ci się podoba czy nie, ludzie mogą cię negatywnie odbierać właśnie z tego powodu, a chyba nie chcesz stracić szansy na dobrą pracę, awans czy nowy kredyt.

Traktuj wszystkich uprzejmie i grzecznie. Począwszy od dozorcy, a skończywszy na dyrektorze generalnym. Rób to nie dla kariery, lecz po to, by każdemu okazywać szacunek w miejscu pracy. Gdy wszyscy są traktowani z jednakowym respektem, w zespole wytwarza się pozytywna atmosfera. Każdy wnosi swój wkład we wspólne dzieło i każdy jest ważny.

Komunikuj się w sposób taktowny. Nigdy nie wskazuj na nikogo palcem, bo może to być odebrane jako gest agresywny. Jeśli już musisz to robić, posługuj się dwoma palcami lub otwartą dłonią. Bądź dobrym politykiem. Najpierw pomyśl (zrób przerwę, zastanów się), potem mów. Jeśli pracujesz w kadrach albo dziale obsługi klienta, możesz mieć kontakt z wieloma poirytowanymi ludźmi. Zachowuj spokój i pamiętaj o klasie, nawet jeżeli musisz wysłuchiwać ich gniewnych tyrad. Ty jesteś twarzą firmy. Ugryź się w język, jeśli masz ochotę coś odburknąć. Gdy jesteś świadkiem wymiany zdań między pracownikami i występujesz w roli arbitra, staraj się wysłuchać argumentów obu stron. Bądź oazą spokoju pośród burzy.

Zwracaj uwagę na słowa. Bez względu na to, w jak zażyłych jesteś stosunkach z kolegami z pracy, zwracaj uwagę na swój język, tak żeby twój szef albo, co gorsza, klient nie usłyszał, że przeklinasz. Kiedyś w mojej obecności steward w samolocie wulgarnie zaklął. Ja byłam zszokowana, a on poczuł się zażenowany.

Zostawiaj porządek w miejscach ogólnie dostępnych. Sprzątaj po sobie w kuchni lub w wydzielonym pomieszczeniu do picia herbaty i odpoczynku. Nigdy nie zabieraj z kuchni jedzenia, które nie jest twoje. Staraj się nie prowadzić prywatnych rozmów telefonicznych, żeby nie przeszkadzać tym osobom, które pragną chwilę odpocząć.

Utrzymuj porządek na swoim stanowisku pracy. Miejsce pracy jest naszą wizytówką i świadczy o podejściu do wykonywanego zawodu. Traktuj swoje miejsce pracy tak, jakby to było ogromne narożne biuro z widokiem (to z reguły zarezerwowane dla kadry kierowniczej), nawet jeśli zajmujesz tylko niewielką przestrzeń oddzieloną przepierzeniem.

Nigdy nie spóźniaj się na spotkania. Bo przecież nie chcesz wejść na posiedzenie zarządu i zmierzyć się z dwunastoma wrogimi spojrzeniami skierowanymi w twoją stronę.

Nigdy nie plotkuj. Gdy inne osoby w biurze plotkują na czyjś temat, spróbuj stanąć w obronie osoby obgadywanej. Przypomnij pozostałym, że ta osoba jest nieobecna i nie może się bronić. Albo po prostu wycofaj się i nie bierz w tym udziału.

Weź na siebie odpowiedzialność, jeśli okaże się, że popełniłaś jakiś błąd. Przyznanie się do błędu wymaga wielkiej odwagi. Szczere wyznanie powinno zmazać większość twojej winy i być przyjęte ze zrozumieniem.

Nie zamawiaj ekstrawaganckich dań w czasie służbowych obiadów. Wiem, że nęci cię homar i butelka dobrego szampana, ale staraj się powściągnąć swoje apetyty w czasie takich posiłków, okazując w ten sposób szacunek fundatorom.

Nigdy nie proś, by spakowano ci na wynos jedzenie z obiadu służbowego. To robi bardzo złe wrażenie. Wychodzenie z torbą jedzenia z restauracji po oficjalnym obiedzie jest naprawdę nie na miejscu.

Bądź sobą. Od pierwszego dnia, kiedy przechodzisz rozmowę kwalifikacyjną, przez cały okres twojej pracy, każdego dnia staraj się być sobą. W końcu dostałaś tę pracę nie bez powodu. Lubią cię i na pewno jesteś właściwą osobą na właściwym miejscu. Nawet jeśli nie jest to twoja wymarzona praca, staraj się wywiązywać jak najlepiej ze swoich obowiązków i cokolwiek robisz, rób z klasą. Może ich bardzo pozytywnie zaskoczysz. Kto wie, dokąd może cię to zaprowadzić?

Elegancka na randce

Drogie singielki z klasą, mam dla was bardzo dobrą wiadomość: eleganckie kobiety, które pracują nad swoim stylem, częściej przyciągają mężczyzn, którzy cenią sobie podobne wartości w życiu. Kiedy pięknie się ubierasz, jesteś miła, uprzejma i pokazujesz klasę w każdej sytuacji — ludzie to zauważą. Zaintrygujesz tych, którzy również przykładają wagę do stylu i elegancji. Za to twoje maniery, ogłada i wdzięk automatycznie odstraszą tych wszystkich potencjalnych zalotników, którzy są, jakby to rzec, nieodpowiedni. Większość kobiet pragnie poznawać miłych, uczciwych mężczyzn z zasadami, którzy będą dobrze traktować swoje partnerki. Chcemy, aby osoba, z którą idziemy przez życie, dzieliła te same wartości i była „po tej samej stronie".

W powszechnej opinii, gdy dwie osoby umawiają się na randkę, próbują się pokazać od swojej najlepszej strony. Natomiast po miesiącu miodowym zaczynają ujawniać swoje „prawdziwe oblicze". W twoim wypadku będzie to wyglądało inaczej — na randkach z całą pewnością będziesz pokazywać swoje „prawdziwe oblicze", ponieważ twoje prawdziwe oblicze to kobieta piękna, zadbana i elegancka — po prostu kobieta z klasą! Nie jestem ekspertem od randek, ale poślubiłam niezwykłego człowieka i od niemal dziesięciu lat pozostajemy szczęśliwym małżeństwem.

Oto kilka moich przemyśleń na temat umawiania się na randki z klasą.

Zawsze staraj się być sobą. Nigdy niczego nie ukrywaj ani nie udawaj, że jesteś kimś innym niż w rzeczywistości, po to tylko, żeby zaimponować mężczyźnie.

Ubieraj się tak, żebyś wyglądała uwodzicielsko, ale przede wszystkim gustownie. Twoje stroje powinny być zarówno wygodne, jak i stylowe. Z pewnością chcesz, żeby twój mężczyzna skupiał się na tobie, a nie na twoim dekolcie, nie próbuj więc uwodzić go w ten sposób. Wystarczy twoja inteligencja i naturalne piękno!

Rozmawiaj z nim o ciekawych rzeczach, takich jak ulubione książki, filmy i miejsca, do których można podróżować. Staraj się dowiedzieć, jakie macie wspólne zainteresowania.

Nigdy nie czuj się zmuszona do robienia czegoś, na co nie masz ochoty.

Jeśli on nalega, że zapłaci, zgódź się uprzejmie, ale postaraj się również gdzieś go zaprosić w najbliższym czasie, na przykład na lunch w następnym tygodniu albo na poczęstunek, który sama przygotujesz.

W czasie pierwszej randki zadbaj o to, żeby otaczała cię aura tajemnicy. Nie musisz mu opowiedzieć historii wszystkich swoich poprzednich randek ani dlaczego ostatni facet, z którym byłaś, cię porzucił. Na to przyjdzie czas później; pierwszą randkę postaraj się odbyć w lekkiej i przyjemnej atmosferze.

Wiem, że pierwsze randki mogą być dość stresujące, ale nie upijaj się! Kontroluj swoje zachowanie, pamiętaj, jakie są twoje granice, jeśli chodzi o alkohol, i nigdy ich nie przekraczaj.

Postaraj się nie wyrażać swoich emocji w mailach lub esemesach. Uważaj, jakimi informacjami na temat swojego nowego ukochanego dzielisz się w mediach społecznościowych.

Nie spiesz się. Zachowuj się tak, jakbyś się rozkoszowała pysznym jedzeniem. Ciesz się nowym romansem, delektuj się nim i obserwuj, w jaki sposób się rozwija. Niczego nie przyspieszaj. To najbardziej magiczny czas w twoim związku!

Jeśli naprawdę lubisz nowego partnera, powiedz mu o tym. Nie ma sensu prowadzić głupich gierek. Pamiętaj, że jesteś świetną partią! On najprawdopodobniej będzie zachwycony tym, że udało mu się poderwać osobę z taką klasą.

DAWANIE NAPIWKÓW

W Ameryce w restauracji zwyczajowo zostawia się napiwek, który wynosi między 15 a 20 procent od sumy rachunku. Ja zawsze zostawiam 20 procent (kelnerzy czekają na nasze napiwki!). Poza tym łatwiej jest mi skalkulować 20 procent niż 15. Wiele restauracji chętnie obliczy napiwek, ale jeśli tego nie zrobią, nie ma co się przejmować. Jeśli boisz się pomyłki w obliczeniach, zawsze możesz się posłużyć kalkulatorem w telefonie (postaraj się jednak zrobić to dyskretnie i nie sprawdzaj potem poczty w komórce). Skorzystaj z listy, którą przedstawiam. Zawarłam w niej różne wskazówki odnośnie do zostawiania napiwków w różnych okolicznościach.

LISTA NAPIWKÓW

Kelner/kelnerka: 15% od sumy rachunku za zwykłą obsługę, 20 procent za doskonałą.

Sommelier (wyspecjalizowany kelner podający wino): 15 procent od ceny butelki.

Barman: 15 do 20 procent od rachunku lub co najmniej $1 od napoju alkoholowego.

Dowóz jedzenia: 10 procent od rachunku.

Szatniarz: $1 za płaszcz.

Boy odprowadzający samochody na parking: $2 za przyprowadzenie samochodu.

Osoba dozorująca toalety: $1.

Taksówkarz: 15 do 20 procent.

Boy hotelowy: minimum $2 albo zwyczajowo po $1 od sztuki bagażu.

Pokojówka: $2 do $5 na dzień.

Portier w hotelu: $1 od torby albo $1 od osoby za przywołanie taksówki.

Fryzjer: 15 do 20 procent od rachunku za usługę (z wyłączeniem zakupionych produktów do pielęgnacji).

Manikiurzystka, masażystka, kosmetyczka: 15 do 20 procent od rachunku za usługę.

Faux pas za granicą

Kiedy jedziesz za granicę, dobrze jest dowiedzieć się czegoś na temat kulturalnego zachowania i obyczajów obowiązujących w danym kraju. Znajomość tych rzeczy pomoże ci uniknąć popełnienia faux pas podczas pobytu w danym kraju. Oczywiście to nie gwarantuje, że nie dopuścisz się jakiejś kulturowej gafy, ale zawsze lepiej jest być przygotowaną. Mówię to na podstawie własnego doświadczenia. Ponieważ dużo podróżuję, zdążyłam zaliczyć całą masę wpadek, tylko dlatego, że byłam niedoinformowana. Kiedy odwiedzałam świątynię w Sri Lance, musiałam pożyczyć szal, żeby zakryć moje nagie ramiona. Podczas obiadu we Francji nie wiedziałam, że niekulturalnie jest trzymać ręce pod stołem i dłonie przez cały czas powinny być widoczne. Gdy po raz pierwszy spotkałam się z mieszkającą na wsi rodziną mego męża w Anglii, natychmiast zdjęłam buty, bo tak się robi w Kalifornii. Ale potem czułam się niezręcznie, ponieważ byłam jedyną osobą, która chodziła po domu boso. Kiedy weszłam do drogerii w Hiszpanii, zostałam zganiona przez sprzedawcę za to, że sama zdjęłam produkt z półki. Powiedział, że powinnam go poprosić o pomoc. Mam wymieniać dalej? Jak widać, dużo jeszcze muszę się nauczyć! Najlepsza rada jest taka, że nie powinnyśmy przyjmować postawy obronnej, gdy ktoś nas poprawia. Kiedy jedziemy z wizytą do obcego kraju, należy stosować się do obowiązujących w nim reguł zachowania. Jeśli cudze obyczaje niezbyt nam odpowiadają, pomyślmy sobie z wdzięcznością, że tam, gdzie żyjemy, jest jednak dużo lepiej.

Zachowanie w samolocie

Latanie samo w sobie jest już stresujące. Dlatego warto stosować się do pewnych zasad, które sprawią, że nasza podróż przebiegnie możliwie gładko i przyjemnie.

Ubierz się ładnie na podróż samolotem. Nie chcesz przecież wyglądać jak ci pasażerowie, którzy w oczekiwaniu na lot, dla wygody paradują po terminalu w piżamie. Możesz czuć się wygodnie, a mimo to wyglądać szykownie. Wystarczy wybrać luźno dopasowane ubrania i miękkie tkaniny. Kto wie? Może cię zaproszą do pierwszej klasy?

Przyszykuj się na kontrolę osobistą. Wiesz, co cię czeka, bądź więc przygotowana, żeby zdjąć buty i pasek. A także na to, że trzeba będzie włożyć do pojemnika laptop, opróżnić kieszenie i pozbyć się wszystkich płynów, które nie są dozwolone. To sprawi, że kolejka będzie się przesuwać szybciej.

Nie próbuj przemycać dużej walizy do górnego schowka na bagaż podręczny.

Pozdrów współpasażerów i zamień z nimi parę uprzejmych zdań, ale nie próbuj wypełniać im całego czasu rozmową.

Jeżeli chcesz odchylić fotel, pamiętaj o osobie siedzącej za tobą. Jeśli akurat je posiłek i ma opuszczony stolik, musisz zaczekać.

Staraj się nie zawłaszczać poręczy foteli. Uprzejmie jest udostępnić je osobie siedzącej pośrodku.

Nigdy się mocno nie perfumuj, kiedy podróżujesz, bo silny zapach może wywołać mdłości u współpasażerów.

Kiedy wysiadasz z samolotu, pozwól najpierw wyjść osobom siedzącym przed tobą.

Bądź cierpliwa. W czasie podróży samolotem może nastąpić jakieś opóźnienie. Po prostu głęboko oddychaj i pamiętaj, że niektóre rzeczy są poza twoją kontrolą. Staraj się zachowywać dobre maniery, nawet jeśli wszyscy inni na widok pracownika linii lotniczych zaczynają ziewać.

Zasady zachowania się w transporcie publicznym

Korzystając z transportu publicznego, należy stawać po prawej stronie i przechodzić lewą.

Zawsze zanim wejdziesz do autobusu czy pociągu, przepuść wszystkich wychodzących.

Zawsze ustępuj miejsca osobom starszym, niepełnosprawnym i kobietom w ciąży.

Staraj się nie prowadzić głośnych rozmów przez telefon komórkowy. Jeśli wdajesz się w rozmowę z innym pasażerem, mów cicho i nigdy nie przeklinaj.

Nigdy nie opieraj nóg na siedzeniu.

Nigdy nie przeprowadzaj zabiegów kosmetycznych w miejscach publicznych (żadnego czesania włosów, obcinania paznokci, robienia makijażu itp.).

Nigdy nie umieszczaj torby na siedzeniu obok, zmuszając innych do stania.

Miej zawsze przygotowany bilet lub pieniądze na opłatę za przejazd.

Nie jedz w środkach transportu publicznego.

Jeżeli kichasz lub kaszlesz, zasłaniaj się dłonią lub chusteczką. Dopilnuj, żeby się odsunąć na odpowiednią odległość od pasażerów.

Nigdy nie stój w drzwiach, żebyś nie blokowała przejścia innym pasażerom, zmierzającym do wyjścia. Jeśli trzeba, wysiądź na moment, pozwól wszystkim wyjść i wtedy wskocz z powrotem.

Klasa to coś niezwykle potrzebnego w tym coraz bardziej zwariowanym świecie, gdzie wszystko toczy się w szalonym tempie i nie obowiązują żadne maniery. Żyj w zgodzie z własnymi przekonaniami, nawet jeśli nie zawsze łatwo jest być ich orędownikiem.

Rozdział 10

Więcej niż ładna buzia

Okej, czas na podsumowanie. Dzięki podjętym staraniom wyglądasz świetnie, przyjmujesz idealną postawę, komunikujesz się (na ogół) w elegancki sposób, masz doskonałe maniery przy stole, a twój dom urządzony jest wytwornie i ze smakiem. Najwyższa pora, by zrobić kolejny krok. W końcu ładna buzia i umiejętność stylowego ubierania się to nie są twoje jedyne atuty. Na wizerunek składa się znacznie więcej rzeczy niż tylko nasze zwyczaje, sposób, w jaki się nosimy, urządzamy dom czy jemy posiłek. Osoba z klasą pracuje również nad swoim wnętrzem — rozwija się intelektualnie, potrafi przyjąć odmienną perspektywę i stara się pomagać innym.

Dbaj o rozwój intelektualny

Trudno jest uniknąć obniżania swoich standardów, gdy wszędzie wokół dominuje kultura popularna. W ogłupiających reality shows, których tak wiele oferuje telewizja, w charakterze gwiazd występują osoby dość prymitywne, płytkie i porywcze. Większość filmów adresowanych do szerokiej widowni to mało wysmakowane komedie, odwołujące się do najniższych instynktów, albo produkcje sensacyjne, w których widowiskowe są tylko eksplozje. Muzyka popularna posiłkuje się tekstami, którym bliżej do rynsztoka niż do poezji. Celebryci przykuwają uwagę mediów nie dlatego, że są utalentowani, lecz z powodu skandali, które wywołują. Ponieważ kultura hołdująca niskim gustom napiera na nas ze wszystkich stron, łatwo możemy się jej poddać. Sama tego doświadczam.

Pracę nad rozwojem intelektualnym zacznij od właściwej selekcji programów, które oglądasz i których słuchasz. Nie chcę przez to powiedzieć, że nie możesz latem wybrać się na jakiś lekki film — przebój kasowy, o którym mówią wszyscy znajomi. Powinnaś jednak pamiętać też o kinach studyjnych, które oferują wartościowe zagraniczne produkcje. Podobnie rzecz się przedstawia z telewizją — oglądaj reality show, jeśli masz na to ochotę, ale sięgaj też po bardziej wyrafinowane, ambitniejsze programy. Znalezienie pięknych piosenek z inteligentnymi tekstami będzie cię może kosztowało nieco więcej wysiłku, ale warto poszukać artystów, którzy naprawdę są godni naszej uwagi, i nie ograniczać się do tych, których teksty są łatwo dostępne, lecz epatują wulgaryzmami.

Zapewne w czasach szkolnych miałaś swojego ulubionego muzyka, malarza albo pisarza, ale potem trudy dnia codziennego związane z pracą, małżeństwem, kredytami i dziećmi nie pozwoliły ci rozwijać twoich pasji. Na początek wybierz sobie zatem jakąś dziedzinę, którą chciałabyś zacząć zgłębiać. Może to być sztuka albo polityka, historia albo angielska powieść okresu międzywojennego. Możesz też spróbować przyswoić sobie nową umiejętność — jak robienie na drutach lub gra na instrumencie. Warto też odświeżyć sobie po wielu latach znajomość, na przykład, francuskiego. Przeczytaj powieść Dickensa, na którą od dawna miałaś ochotę albo wybierz się na lokalny festiwal szekspirowski. Zapoznaj się z rosyjską architekturą. Możesz też zacząć studiować życie i twórczość Chopina — czytać biografię kompozytora i słuchać jego muzyki.

To wszystko pozwoli ci wypracować bardziej wyrafinowany gust i wytworny sposób bycia. Zyskasz klasę. Nabierzesz ogłady, a twoje życie pod każdym względem wejdzie na wyższy poziom, na czym skorzystasz ty sama i twoje otoczenie. Gdy udasz się na przyjęcie, potrafisz poruszyć całe spektrum tematów. Być może zarazisz innych swoją pasją. Twoi słuchacze będą ci wdzięczni za przypomnienie im, że oni również kiedyś interesowali się wieloma rzeczami.

Jeżeli jesteś młodą osobą i bardzo się czymś pasjonujesz, nigdy nie rezygnuj ze swojego hobby. Nie zaniedbuj gry na pianinie. Bądź wierna ulubionym zespołom i spróbuj przekazać muzykom swoje wyrazy sympatii. Dbaj o rozwój intelektualny, by zyskać klasę. Staraj się być nie tylko ładną, ale również mądrą kobietą.

POMOC W ROZWOJU INTELEKTUALNYM

www.kusc.org: promujące muzykę klasyczną radio KUSC działa dzięki wpłatom abonamentowym od słuchaczy i nadaje także w Internecie. Ma w programie przedstawienia operowe, koncerty symfoniczne i wiele innych atrakcji muzycznych, w sam raz dla koneserki takiej jak ty.

www.npr.org: zwróć uwagę na ofertę NPR dostępną online, szczególnie na dział Arts & Life, który zajmuje się książkami, filmami, kulturą popularną, kulinariami, sztuką, designem, różnego rodzaju spektaklami, widowiskami i fotografią.

www.getty.edu: Muzeum Getty'ego oferuje na swojej stronie internetowej bibliotekę online, która umożliwia czytanie i nieodpłatne ściąganie zgromadzonych tam publikacji.

www.ted.com oraz tedxtalks.ted.com: prezentowane tu wykłady poświęcone są ideom wartym rozpowszechnienia. Rozmaici błyskotliwi prelegenci o bardzo zróżnicowanym profilu zapraszają na ciekawe i pouczające prezentacje dotyczące niemal wszystkich tematów pod słońcem.

iTunes U: tu możesz za darmo posłuchać wykładów z najbardziej renomowanych uniwersytetów całego świata.

SERIALE TELEWIZYJNE Z KLASĄ

Co ludzie powiedzą? (Keeping Up Appearances): główna bohaterka, Hiacynta Bucket, bardzo chce wybić się ponad przeciętność i nieudolnie naśladuje styl i elegancję wyższych sfer, popełniając wiele niezręczności. Ta przezabawna farsa należy do klasyki gatunku.

Napisała: Morderstwo (Murder, She Wrote): jeżeli jesteś miłośniczką filmów kryminalnych podobnie jak ja, to polubisz Jessicę Fletcher, która potrafi wyjść obronną ręką z najbardziej niebezpiecznych sytuacji. Zawsze stosownie ubrana pani Fletcher rozwiązuje coraz to nowe i nowe zagadki kryminalne, a robi to inteligentnie, z elegancją i wdziękiem.

Cedar Cove: sędzina Olivia Lockhart, w którą wcieliła się Andie MacDowell, jest uosobieniem współczesnej elegancji i klasy. Dzięki niej miło ogląda się serial, na który zaprasza kanał 13 Ulica.

Downton Abbey: oglądając ten bardzo popularny serial kostiumowy, zwróć uwagę na to, że klasa nie zależy od pozycji społecznej, jaką zajmuje się w życiu.

Kocham Lucy (I Love Lucy): Lucy ciągle popada w jakieś tarapaty, ale robi to z wdziękiem. Choć często staje się przedmiotem żartów, nie można odmówić jej klasy.

Poirot: David Suchet wciela się w najsławniejszego bohatera Agathy Christie, Herkulesa Poirot, a robi to w takim stylu, że pisarka byłaby z całą pewnością usatysfakcjonowana. Słynny belgijski detektyw miał bez wątpienia swoje dziwactwa, ale nikt nie zaprzeczy, że miał również klasę.

Mapp & Lucia: to komedia obyczajowa. Bez względu na to, czy będziesz oglądać wersję z roku 1985, czy z 2014, z uwagą obserwuj, z jaką klasą zachowują się obie bohaterki, mieszkanki miasteczka Tilling, pnące się po kolejnych szczeblach drabiny społecznej.

FILMY Z KLASĄ

Alicja w krainie czarów (Alice in Wonderland) z 1951 roku: Alicja, bohaterka filmu Disneya, pamięta o stylu i dobrych manierach nawet wtedy, gdy goni Białego Królika, jest obrażana przez kwiaty i kiedy przechytrza Królową Kier.

My Fair Lady z 1964 roku: niezwykła przemiana Elizy Doolittle potwierdza, że bez względu na to, kim jesteś i skąd pochodzisz, możesz mieć klasę.

Gigi z 1958 roku: w tym kultowym musicalu poświęconym wchodzeniu w dorosłość Gigi zmienia się z hałaśliwej i niesfornej nastolatki w pełną wdzięku kobietę.

Panowie w cylindrach (Top Hat) z 1935 roku: niezwykła historia miłosna przeistacza się w komedię omyłek. Zwróć uwagę na wdzięk, z jakim tańczą Ginger Rogers i Fred Astaire. Ci dwoje powinni nas wszystkich zainspirować.

Złodziej w hotelu (To Catch a Thief) z 1955 roku: pełen napięcia thriller Hitchcocka, rozgrywający się na Lazurowym Wybrzeżu, który dowodzi, że nawet były włamywacz — człowiek kot — może być osobą z klasą. Bierzmy przykład z Grace Kelly i Cary'ego Granta, którzy są tu uosobieniem elegancji.

Bądź dumna ze wszystkiego, co robisz

Być może życie, które teraz prowadzisz, nie jest szczytem twoich marzeń, ale jeśli naprawdę chcesz zostać kobietą z klasą, powinnaś spojrzeć na nie z innej perspektywy. Staraj się czerpać zadowolenie ze wszystkiego, co robisz. Ze sprzątania domu, wypełniania arkuszy kalkulacyjnych, prasowania ubrań. Spróbuj mile obsłużyć klienta, który wchodzi do sklepu tuż przed zamknięciem. Ciesz się zmywaniem garnków. Miej satysfakcję z bycia wolontariuszką podczas wiosennego festynu w twojej dzielnicy. Bądź dumna z wszelkiej wykonywanej przez ciebie pracy. Angażuj się w nią całą sobą, bez reszty. Tak właśnie postępowała Madame Chic. Nigdy nie utyskiwała na swój los. I nawet jeśli marzyła, by zajmować się w życiu czymś całkiem innym, ja na pewno bym się o tym nie dowiedziała.

To, że jesteś kelnerką, a nie gwiazdą filmową, wcale nie oznacza, że powinnaś traktować swoją pracę z lekceważeniem. Kluczową sprawą jest uczucie wdzięczności. Bądź wdzięczna, że masz pracę i wykonuj ją z pełnym zaangażowaniem. Bądź z niej dumna. Każde doświadczenie życiowe nas buduje. Ludzie z klasą wiedzą, że sumienność w pracy to coś, co pomaga się wyróżnić, zwraca uwagę otoczenia i jest w stanie otworzyć przed tobą drzwi, o istnieniu których nawet nie wiedziałaś.

W 2009 Scott Schuman zamieścił na swoim blogu *Sartorialist* posta, w którym opisał historię pewnego kierowcy:

> *Jedną z najbardziej niezapomnianych osób, które spotkałem, uczestnicząc niedawno w serii wieczorów autorskich, był mój kierowca z San Francisco.*
>
> *Jak widać na zdjęciu, mężczyzna ten prezentował się bardzo elegancko i emanował pewnością siebie, poczuciem godności oraz dumy z wykonywanej pracy. Uwielbiam ludzi, dla których praca jest powodem do dumy, bez względu na to, czym konkretnie się zajmują.*
>
> *Ten kierowca miał nieskazitelnie czysty samochód, lśniące buty i doskonale znał drogę. A przecież nie robił tego na pokaz, bo nie wiedział, kim jestem i czym się zajmuję. Tego dnia byłem po prostu jego kolejnym klientem. Elegancja towarzyszyła mu na co dzień, miał ją wpisaną w swój styl pracy.*
>
> *Wspominałem tego mężczyznę przy wielu okazjach, a ostatnio pisałem o nim we wstępie do mojej książki. Chociaż ten blog poświęcony jest modzie, kiedy patrzę na zamieszczone tu zdjęcie, myślę o czymś zupełnie innym. Ów kierowca z San Francisco ewidentnie był dumny ze swojej pracy, znał swoją wartość i emanował klasą, co każdy mógł z łatwością zauważyć. Ten człowiek był uosobieniem stylu, lecz nie z powodu drogich*

ubrań. On doskonale wiedział, że ważny jest nie sam strój, tylko sposób, w jaki się go nosi, postawa i nienaganne maniery.

Może kierowca pana Schumana wykonywał pracę, która zawsze była jego marzeniem, a może miał całkiem inne ambicje. W każdym razie postanowił czerpać z niej satysfakcję, co wyrażał swoim strojem i zachowaniem. Ludzie z klasą nie uciekają od rzeczywistości, lecz stawiają jej czoło. Jeżeli wieczorem trzeba posprzątać kuchnię, nie czekaj na dobrą wróżkę i nie rób kwaśnej miny, tylko weź się do pracy i ciesz się nią. Postaraj się wykonać ją jak najlepiej i z dobrym nastawieniem. Dzięki temu poczujesz się pewniejsza, bardziej zadowolona z życia i będziesz umiała doceniać najprostsze rzeczy.

Nie miej przesadnych oczekiwań

Błogosławieni, którzy n i e o c z e k u j ą niczego, albowiem nigdy się n i e r o z c z a r u j ą.

Alexander Pope

Jesteś perfekcjonistką? Dziwisz się, kiedy coś nie pójdzie tak, jak tego oczekiwałaś? Często odczuwasz zawód? Pracując nad stylem, musisz także nauczyć się unikać rozbudzania w sobie przesadnych nadziei. Kobieta z klasą przygotowana jest na każdy rozwój wypadków, a gdy coś potoczy się nie po jej myśli, potrafi odnaleźć się w nowej sytuacji i wyciągnąć z niej jakąś lekcję dla siebie.

Bardzo się ucieszyłam, kiedy poproszono mnie o zrobienie w Nowym Jorku krótkiej prezentacji na temat „dziesięcioelementowej garderoby" w ramach wykładów TEDx. Co prawda nie była to oficjalna konferencja tej fundacji zajmującej się popularyzacją „idei wartych rozpowszechniania", ale zawsze marzyłam, by zostać ich prelegentką, i oto moje marzenie miało się spełnić! Bez wahania przyjęłam więc zaproszenie, zarezerwowałam sobie lot z Kalifornii i pokój na Manhattanie.

Mając w pamięci wykłady z oficjalnych konferencji TED, które obejrzałam w Internecie, bardzo wysoko umieściłam sobie poprzeczkę. Oczami wyobraźni widziałam już siebie pośród ekspertów, którzy na supernowoczesnej scenie, za pomocą najnowszych technik audiowizualnych, na tle wspaniałego błyszczącego logo TED, zwracają się do licznego grona słuchaczy zasiadającego w eleganckich fotelach.

W przeddzień prezentacji wyruszyłam samochodem z hotelu na Manhattanie, by wziąć udział w próbie. Kiedy dotarłam na Staten Island, zaskoczyło mnie, że prelekcje nie odbywają się w nowoczesnej sali audytoryjnej, lecz w barze. Właśnie tak, w barze. Takim, jakie spotyka się w college'u. Czarne podłogi, ściany i sufity, w łazienkach naklejki ze zderzaków samochodowych, a w holu tarcza do gry w rzutki. Hm. Nie tego się spodziewałam. Miejsce dla prelegentów wyznaczono na scenie — niewielkiej, ale w sumie robiącej pozytywne wrażenie, oświetlonej profesjonalnymi reflektorami. Najprawdopodobniej w weekendy grały tu różne zespoły. Obok było nawet małe pomieszczenie, które mogło pełnić funkcję *greenroomu*, gdzie artyści oczekiwali na występ. Pomyślałam, że rzeczywistość wprawdzie daleka jest od ideału, ale do przyjęcia. Postanowiłam wstrzymać się z osądami aż do zakończenia próby. Ale pomimo że od zapowiadanego czasu rozpoczęcia spotkania minęła już ponad godzina, nic się nie działo. Osoby zaproszone do wzięcia udziału w próbie zaczęły się ze sobą zapoznawać i tylko nieliczni wydawali się przejmować beztroskim podejściem organizatorów do całego przedsięwzięcia. Zaczęłam odczuwać frustrację. Zupełnie inaczej sobie to wszystko wyobrażałam. Nie tak miała wyglądać ta uroczystość. O tyle rzeczy chciałam jeszcze zapytać.

Kiedy organizatorzy w końcu się pojawili, zaczepiłam jednego z nich i zarzuciłam pytaniami — chciałam wiedzieć, w jakim porządku będziemy występować następnego dnia. Mój rozmówca nie potrafił mi nic konkretnego przekazać. Wróciłam do hotelu zdenerwowana, bo nie miałam nawet pewności, czy występuję rano, czy późnym popołudniem.

Ostatecznie impreza okazała się bardzo udana. Wszystkie szczegóły dograno w ostatniej chwili. Może samo miejsce nie było szczytem elegancji, ale kilka osób wypadło naprawdę świetnie. Paru prelegentów przedstawiło szalenie ciekawe idee, a niektóre wystąpienia były niezwykle poruszające. Uczestnictwo w tym przedsięwzięciu sprawiło mi ogromną satysfakcję. Ale najważniejszy był wniosek, jaki wyciągnęłam tamtego dnia — postanowiłam nauczyć się nie oczekiwać zbyt wiele. Nawet jeśli moje wyobrażenia zupełnie rozmijają się z rzeczywistością, i tak powinnam dać z siebie wszystko. Nieważne, że występuję na skromnej scenie, a wizja organizatorów zupełnie rozmija się z moją. Bez względu na te niedociągnięcia powinnam włożyć w swoje wystąpienie całe serce i nawiązać dobry kontakt z publicznością.

Jeżeli znajdziesz się w okolicznościach, którym daleko do twoich wyobrażeń, i w otoczeniu ludzi działających niezupełnie tak, jak byś sobie tego życzyła, nie poddawaj się zniechęceniu. Zadaj sobie pytanie, po co tam jesteś i jaką lekcję możesz z całego zdarzenia wyciągnąć. Spróbuj też zmienić perspektywę. Moje oczekiwania były na miarę oficjalnych konferencji TED, a mnie zaproszono na kameralne spotkanie TEDx. Była to konferencja organizowana lokalnie i na tym właśnie polegał jej urok. Tamtego dnia nauczyłam się nie ulegać mojej naturalnej skłonności do perfekcjonizmu. Zobaczyłam, jak ważne jest być z ludźmi i wspierać ich dążenia. Przekonałam się, że nawet gdyby przyszło mi wystąpić na miejskim wysypisku, i tak zdołałabym przekazać to, co sobie zamierzyłam. Kiedy więc znajdziesz się w sytuacji odbiegającej od oczekiwanych standardów, nie wyciągaj zbyt pochopnych wniosków. Bądź wzorem dla innych. Nie miej nadmiernych oczekiwań, bo nawet jeżeli impreza, w której uczestniczysz, nie dorasta do twoich wyobrażeń, to i tak nie znalazłaś się tam przypadkiem. Jeżeli nauczysz się tak myśleć, z każdego doświadczenia życiowego wyniesiesz coś pozytywnego.

Myślenie o innych

Jakże często myślimy o sobie: tego chcę, tego potrzebuję, tam bym chętnie poszła, to czy tamto bym zrobiła. Jednak osoba z klasą wie, że bodaj największą satysfakcję daje nam troska o innych. Madame Chic dużo udzielała się w Kościele, pracując na rzecz innych, i ta jej działalność stanowiła integralną część jej życia.

Działaj w społeczności lub organizacji, która niesie pomoc innym ludziom. Poświęć swój czas, zaangażuj siły i środki, by świat stał się lepszy. Jeżeli czujesz, że twoje życie stoi w miejscu i nie dostrzegasz celu, spróbuj zerwać z rutyną i zacznij pomagać innym. Skup się na tym, co możesz dać, a nie na tym, co możesz otrzymać. Jeżeli pracujesz na rzecz innych osób, nawet na niewielką skalę, w rzeczywistości współtworzysz wielkie dzieło. Pamiętaj, że lepiej jest słuchać niż mówić i lepiej jest dawać niż brać. W obu przypadkach ma się więcej satysfakcji. Działania na rzecz innych to bardzo ważny element budowania wizerunku i pracy nad stylem, który pozwala nam oderwać się od naszych własnych problemów i spojrzeć na świat oczami drugiego człowieka.

Klasa to znacznie więcej niż dobra prezencja i nienaganne maniery. Jej niezbywalnym elementem jest również kształtowanie charakteru. Powinnyśmy dbać o swój rozwój intelektualny, czerpać satysfakcję z pracy i służyć innym. Kiedy podejmujesz pracę nad sobą i swoim stylem bycia, trudy dnia codziennego zyskują głębszy wymiar. Twoje wnętrze zacznie promieniować na zewnątrz i uczyni cię piękniejszą.

Rozdział 11

KLASA I *LES AUTRES*

> Jeśli myślisz, że jesteś oświecony,
> odwiedź rodzinę i pomieszkaj z nią
> przez tydzień.
>
> Ram Dass

W domu możesz ćwiczyć się w eleganckim stylu bycia, bo tu czujesz się bezpiecznie i nie musisz stawiać czoła zbyt wielu wyzwaniom. Ty tu rządzisz i wszystko zależy od ciebie. Ale co będzie, gdy znajdziesz się w obcym środowisku, wśród współpracowników, dalszej rodziny, sąsiadów czy nieznajomych? Powinnaś odnosić się do nich uprzejmie i pamiętać o klasie, bez względu na to, jak oni będą się zachowywać w stosunku do ciebie. Prawdę mówiąc, osiągnięcie tego celu jest trudniejsze, niż się wydaje, ale, jeśli będziesz wierna swoim zasadom, wszystko jest możliwe.

L'enfer, c'est les autres?

Francuski filozof, Jean-Paul Sartre, w swojej sztuce *Bez wyjścia* napisał słynne zdanie: „*L'enfer, c'est les autres*", które znaczy: „Piekło to inni". Przez większą część życia zgadzałam się z tym przesłaniem. No cóż, niekiedy bardzo trudno jest dojść z innymi do porozumienia. Ilekroć miałam jakieś starcie, czy to z mężem, czy z kimś obcym, mówiłam do siebie: „*L'enfer, c'est les autres!*". Winę za te małe nieporozumienia zawsze przypisywałam drugiej stronie.

Teraz jednak rozumiem zdanie Sartre'a inaczej. Piekło, o którym mówi, nie odnosi się do innych ludzi, lecz do naszych własnych wyobrażeń na ich temat. To my sami stwarzamy taką perspektywę — negatywny obraz drugiej strony.

Gdy sobie to uświadomiłam, przestałam się zadręczać tym, co inni sądzą na mój temat i jak się wobec mnie zachowują — moje poczucie szczęścia nie zależy od tego.

Osoba z klasą bierze odpowiedzialność za swoje czyny i gdy czuje się nieszczęśliwa, nie obwinia za to innych, bo wie, że to, jak się czujemy, zależy od nas samych. Czasami wystarcza jedynie niewielka zmiana perspektywy.

Jeśli mieszkasz z kimś lub masz bliskich sąsiadów, z całą pewnością niektóre zachowania innych ludzi bywają dla ciebie irytujące. Nieuniknione są pewne tarcia — czy to z mężem, współlokatorką czy z sąsiadem. Nawet twoje dzieci mogą cię czasem denerwować! Z mężem możesz się spierać o sprawy finansowe. Z koleżanką z pracy o to, że zjadła kanapkę (znowu!), którą schowałaś sobie do lodówki w biurze i oznaczyłaś karteczką z nazwiskiem. Dzieci mogą cię wyprowadzić z równowagi, gdy, przywoływane do kąpieli, kompletnie cię ignorują. Tego rodzaju rzeczy mogą uruchamiać w tobie pewne negatywne emocje. Nie oznacza to, że natychmiast stracisz panowanie nad sobą, ale gdy irytujące cię zachowania będą się powtarzać, w końcu możesz wybuchnąć.

Ilekroć czujesz, że twój gniew jest w pełni uzasadniony, zastanów się, czy nie mogłabyś spojrzeć na daną sytuację z innej perspektywy. Tego rodzaju zabieg pozwala osiągnąć kilka celów. Po pierwsze, możesz się na chwilę zatrzymać, zanim podejmiesz dalsze kroki. Zyskasz czas, by pomyśleć, czy aby za bardzo nie rozdmuchujesz całej sprawy. Trafniej ocenisz sytuację, a dzięki temu znajdziesz najlepsze wyjście. I, co najważniejsze, dzięki zmianie perspektywy być może się uspokoisz. A spokój — zrównoważona postawa — to przejaw klasy, stylu życia, do którego usilnie dążysz.

Więcej na temat perspektywy

Moja córka przechodziła kiedyś taką fazę rozwoju, że co rano budziła się z płaczem. Myślę, że była sfrustrowana, ale nie potrafiła w inny sposób wyartykułować, czego jej potrzeba. Domownicy pogrążeni byli jeszcze we śnie, gdy o szóstej rano z pokoju dziewczynek zaczynał dobiegać głośny płacz. Zawsze wtedy wstawałam i szłam do córki, ale możecie mi wierzyć — ten jej krzyk sprawiał, że mnie samej zaczynało się zbierać na płacz. Wszyscy byliśmy tą sprawą bardzo zmartwieni.

Siadałam na brzegu łóżeczka i próbowałam nawiązać rozmowę. W końcu przyszło mi na myśl, że powinnam podsunąć jej inną perspektywę, zmienić sposób widzenia. Powiedziałam: „Wiesz, to wcale nie musi tak być. Możesz wstać rano i czuć się szczęśliwa". Wtedy buzia mojej trzyletniej córeczki pojaśniała. (Być może był to też pierwszy w jej życiu moment w pełni świadomej refleksji — Aha!) Powtórzyła: „To wcale nie musi tak być?". „Nie — odpowiedziałam z uśmiechem. — Możesz się obudzić i postanowić, że będziesz szczęśliwa. Jeśli potrzebujesz pójść do łazienki, to idź. Jeśli chcesz wody, to napij się ze szklanki, która stoi na stoliku przy łóżeczku. Jeśli chcesz się pobawić lalkami — proszę bardzo. Jeśli chcesz porozmawiać z mamą i tatą, przyjdź do naszego pokoju. Albo zostań w łóżeczku i pomyśl sobie o dniu, który cię czeka. I o przyjaciołach. Możesz się pomodlić. Możesz być szczęśliwa!"

I okazało się, że te alternatywne sposoby spędzenia poranka, które jej podsunęłam, moja córka uznała za rodzaj przyzwolenia na to, że rano też można cieszyć się życiem. Od tej pory przestała budzić się z płaczem. I dłużej sypiała. Czary? Być może. Zmiana perspektywy może zadziałać jak magia, bo otwiera przed nami nowe światy, których istnienia nawet nie podejrzewaliśmy.

Ludzie bez klasy

Bez względu na to, czy sama wdrażasz już zasady, które tu proponuję, czy też dopiero zaczynasz swą przygodę z Madame Chic, po przeczytaniu tej książki będziesz prawdopodobnie częściej zauważała u innych ludzi niedociągnięcia związane ze stylem życia. Może się to okazać zarówno błogosławieństwem, jak i przekleństwem, zależy jak zareagujesz. Pewnie nieraz znajdziesz się w sytuacji, która będzie dla ciebie bardzo irytująca ze względu na czyjeś niestosowne zachowanie oraz ewidentne braki w dziedzinie dobrych manier.

Może odczujesz zdenerwowanie, gdy w czasie jasełek jacyś rodzice natychmiast rozpoczną głośne rozmowy, gdy tylko ich dziecko skończy występ, choć twoje będzie akurat wchodziło na scenę. Może zirytujesz się w pracy, gdy klient nawet cię nie pozdrowi, tylko zaraz po wejściu rzuci jakieś pytanie burkliwym tonem. Może poczujesz się nieswojo, gdy sąsiad po raz kolejny uda, że cię nie widzi, kiedy jak co rano spotkacie się na klatce schodowej. Może uznasz za prowokację zachowanie pewnej pani, która na pocztę przychodzi w piżamie, albo to, że jakiś pan ostentacyjnie nosi T-shirt z obscenicznym napisem. Ważne, żeby z miejsca nie oceniać takich ludzi negatywnie i nie uznawać ich za przypadki beznadziejne. Wręcz przeciwnie, zwracaj się do nich szczególnie uprzejmie, pamiętaj o dobrych manierach i nie trać cierpliwości. Nie oznacza to jednak, że powinnaś tolerować lekceważące postawy. Poproś ludzi, którzy rozmawiają w czasie występów, żeby się uciszyli. Sama pozdrów nieuprzejmego klienta, zanim udzielisz mu odpowiedzi. Możesz również pozdrowić sąsiada, który cię ignoruje. Zamiast poddawać się frustracji, pomyśl tak: Jestem tu potrzebna. Mogę wskazać tym ludziom właściwą drogę. Są moją publicznością, może nieświadomą, ale jednak, mogę więc dać im przykład, pokazać, co to znaczy mieć klasę.

Warto pamiętać, że wiele osób nie miało w domu dobrych wzorców i dlatego po prostu nie znają innych sposobów zachowania. Spróbuj wypełnić tę lukę. Być może nigdy nie nadarzy się sposobność sprawdzenia, jaki efekt wywarło na nich twoje zachowanie. Ale nie to jest ważne. Nawet jeśli tylko jedna osoba zechce zwolnić tempo i zmienić swoje życie, nadać mu nowy kierunek — już osiągniesz swój cel. Dlatego zamiast postrzegać towarzystwo ludzi bez klasy jako przekleństwo, traktuj takie spotkania inaczej — jak błogosławieństwo. Możesz być pomocna, stać się drogowskazem. Będziesz potrzebna bardziej niż kiedykolwiek.

Mądrze wybieraj przyjaciół

> Kto z mądrym przestaje — nabywa
> mądrości, towarzysz głupców
> poniesie szkodę*.
>
> Księga Przysłów 13:20

W miarę jak będziesz zmieniała swój styl życia na coraz bardziej elegancki, być może zauważysz nagle jakościową zmianę swoich przyjaźni. Albo przyjaciele

* Cytat za Biblią Tysiąclecia (przyp. tłum.).

zaczną traktować cię inaczej, albo ty zaczniesz ich postrzegać w inny sposób niż dotąd. Nie rezygnuj jednak z przyjaciółki tylko dlatego, że nie stara się tak jak ty być kobietą z klasą. Nie ma co dramatyzować. Niemniej jednak dobrze jest przyjrzeć się bliżej swoim przyjaźniom i może zawrzeć nową z kimś, kto podziela niedawno przez ciebie odkryte wartości, priorytety i pasje.

Szukaj takich przyjaciół, którzy mają podobne cele i zainteresowania jak ty. Wtedy podróż, która ma z ciebie uczynić kobietę z klasą, będzie dużo przyjemniejsza.

Jedną z najmilszych rzeczy związanych z moim blogiem jest świadomość, że istnieje cała grupa kobiet, które mają wspólny cel — chcą żyć w sposób bardziej wyrafinowany. Wiele z nich twierdzi, że jedynym miejscem, gdzie mogą znaleźć podobnie myślące osoby, jest mój blog „The Daily Connoisseur"! Tak więc staraj się szukać podobnie myślących przyjaciół. Jeśli natomiast chodzi o dawnych znajomych, którzy nie podążają tą samą ścieżką, okazuj im dużo cierpliwości — chyba że ich zachowanie zmierza w całkiem niewłaściwym kierunku. Możliwe, że twoje maniery w końcu odcisną na nich jakiś ślad. Może pojawiłaś się w ich życiu właśnie po to.

Trudne czasy

Kiedy mieszkałam w Paryżu i cała byłam zanurzona w nowej dla mnie, jakże ekscytującej rzeczywistości, szlifowanie wytwornych manier przychodziło mi bez trudu, może dlatego, że wszystko dokoła bardzo temu sprzyjało. To były dobre czasy! Kiedy beztrosko przesiadywałam z przyjaciółkami w kawiarni, łatwo mi było pamiętać o wyprostowanej postawie, byciu uprzejmą i elegancką. Gdy myślałam głównie o tym, by wybrać się na Champs Élysées albo do Jardin des Tuileries, dbanie o elegancję i dobre maniery było czymś prostym do osiągnięcia. Miałam wtedy mało obowiązków, tylko godzinę lub dwie przeznaczałam na odrabianie lekcji — nic więc dziwnego, że łatwo mi było utrzymać pozytywne nastawienie do świata.

Ale jak to jest, gdy przychodzą trudne czasy? Gdy zaczyna się prawdziwe życie? Co robić, gdy jesteś kelnerką i po siedmiu godzinach pracy trafia ci się kolejny arogancki klient? Albo masz zapłacić czynsz za mieszkanie, a brakuje ci pieniędzy? Co w sytuacji, gdy ty i twój mąż spieracie się o kwestie wychowawcze? Lub też jedno z twoich dzieci ma akurat trudny okres i ciągle wystawia twoją cierpliwość na próbę? Co, gdy jedziesz do pracy od godziny i czujesz, że nie wytrzymasz w korku ani minuty dłużej? Niełatwo jest zachować klasę, gdy przechodzi się w życiu trudny okres, ale ważne jest, aby zwłaszcza wtedy, gdy jest naprawdę ciężko, przestrzegać swoich zasad. To, jakimi jesteśmy ludźmi, najlepiej ocenić po tym, jak postępujemy, gdy nikt nas nie widzi. Również to, że potrafisz (lub nie) zachować się z klasą w trudnych momentach, jest prawdziwym testem twojej osobowości. Gdy nadchodzą ciężkie czasy, klasa jest pierwszą rzeczą, na której przestaje ci zależeć. I pierwszą, z której rezygnujesz. Kłócisz się z mężem i padają nieprzyjemne słowa. Warczysz i krzyczysz na dziecko. Jesteś agresywna podczas prowadzenia samochodu. Tracisz nadzieję. Po co miałabyś starać się zachować klasę, skoro rzeczywistość wokół jest tak ponura?

Gdy przyjdą trudne czasy, kiedy poczujesz się tak, jakby klasa i dobre maniery były tylko nieprzydatnym balastem, zatrzymaj się na moment. Weź głęboki oddech. Nie wypowiadaj od razu tego, co myślisz. Pomilcz chwilę. Nie zaciskaj zębów. Unieś wysoko głowę. Żadna próba nie jest zbyt trudna. Dasz radę i jakoś przez to przebrniesz, pokonasz kłopoty. Nic, nawet najgorsza rzecz, nie trwa wiecznie. A to, jak sobie poradzisz w nielekkim momencie życia, jest prawdziwym testem twojego charakteru. Jeśli ktoś ma klasę, to z każdej sytuacji, nawet niemiłej, potrafi wyciągnąć odpowiednią naukę. Wystarczy zmienić perspektywę, by zobaczyć, że nie ma tego złego, co by na dobre nie wyszło. Będziesz nawet wdzięczna za te ciężkie momenty, bo przekonasz się, że kiedy przeminą, staniesz się silniejsza i bardziej zdeterminowana. Nie martw się, gdy na swej drodze spotykasz ludzi o trudnym charakterze, ponieważ dzięki nim nauczysz się asertywności i tolerancji. Nie przejmuj się, że nie dostałaś pracy, o którą się ubiegałaś, albo że porzucił cię narzeczony, bo nic nie dzieje się bez powodu. Najprawdopodobniej tuż za najbliższym zakrętem spotka cię coś lepszego, poznasz kogoś bardziej wartościowego. Zmień perspektywę, gdy będziesz się musiała zmierzyć z niełatwą sytuacją. Spróbuj wyciągnąć jakieś wnioski dla siebie. Ciężkie doświadczenia budują twój charakter i kształtują klasę. To nie znaczy, że przebrniesz przez nie bez najmniejszego problemu. Wcale nie. Będą dla ciebie ogromnym wyzwaniem, z pewnością jednak wyjdziesz z tych prób mocniejsza.

Dobre czasy

Nareszcie dotarłyśmy do przyjemniejszej części naszych rozważań o elegancji i klasie. Gdy nic złego w naszym życiu się nie dzieje, praca nad kształtowaniem klasy jest nie tylko łatwiejsza, ale też sprawia o wiele więcej radości. Wszystko widzisz wtedy w pozytywnym świetle. Kiedy masz dobre relacje z innymi, sprawy układają się po twojej myśli, cieszysz się życiem — odnosisz sukcesy, bo promieniejesz zadowoleniem i szczęściem. Takich radosnych chwil może być wiele. Twój projekt w pracy zostaje uznany za najlepszy. Dostajesz awans. Masz fantastyczną pierwszą randkę. Świętujesz jakąś okrągłą rocznicę. Wygrywasz konkurs literacki. Zdobywasz stypendium. Patrzysz na swoje dzieci, jak tańczą i śmieją się w ogrodzie. Gdy spotyka nas wiele dobrego, najważniejszą rzeczą jest umieć zachować wdzięczność i pokorę. Osoba z klasą nie uważa, że wszystko jej się od życia należy i nie chełpi się tym, co posiada.

W czasie dobrej passy staraj się skupiać na teraźniejszości i cieszyć chwilą. Daj sobie przyzwolenie na radość! Życie nie zawsze musi być walką. Pamiętaj, że dobre czasy, podobnie jak złe, nie trwają wiecznie. Nasze dni, nasze wzajemne relacje, nasza życiowa droga — to wszystko ciągle się zmienia. Dlatego warto się cieszyć dobrymi momentami w życiu i być gotową na przyjęcie złych. Nie możesz być emocjonalnie rozchwiana i uzależniać swojego samopoczucia od okoliczności, doświadczać szczęścia jedynie wtedy, gdy sprawy układają się po twojej myśli. Ludzie z klasą rozumieją doskonale, że w życiu zdarzają się różne zawirowania. Traktują jednak to wszystko, co ich spotyka, jako wspaniałą przygodę, sportowe wyzwanie i w pełni to akceptują.

Klasa jako sposób na życie

Zbliżasz się do końca tej książki. Ale nie kończy się twoja podróż, której celem jest szlifowanie klasy. W rzeczywistości to dopiero początek drogi. Bez względu na to, w jakim znajdujesz się teraz miejscu, czy jesteś zupełną nowicjuszką, czy też uważasz się za weterankę, z pewnością warto, abyś pracowała nad swoim stylem bycia i starała się odnajdywać w sobie to, co najlepsze, każdego dnia — od momentu, kiedy wstajesz z łóżka, aż do chwili, kiedy kładziesz się spać. Zachowaj bystry umysł i ćwicz się w różnych umiejętnościach. Dbaj o swoje ciało, pięknie się ubieraj. Staraj

się pokonywać trudy życia z wdziękiem i elegancją. Bądź wierna swoim przekonaniom bez względu na to, kogo spotkasz i co ci się po drodze przydarzy.

Być może będziesz jedyną osobą w rodzinie, która dba o dobre maniery. Jedyną w gronie przyjaciół, która nie przeklina. Jedyną w swojej dzielnicy, która chodzi elegancko ubrana na co dzień. Wtedy możesz czuć się osamotniona w swoich staraniach i uznać, że to czysta strata czasu. A l e n i g d y s i ę n i e p o d d a w a j. Ponieważ to ty możesz być światełkiem w ciemności. To ty możesz być inicjatorką zmian. To ty możesz inspirować innych, by stawali się lepsi. To ty możesz dawać nadzieję. Zachęcać tych, którzy chcą się poddać, do podjęcia dalszych starań. Twój entuzjazm i nieustawanie w wysiłkach, by życie uczynić głębszym i piękniejszym, naprawdę może pociągać ludzi, bo to rzecz rzadka i cenna. Przy czym nie chodzi tutaj o perfekcję. Nadal będziesz popełniać błędy, ale włóż w tę pracę nad sobą całe serce, bo dobrze wiesz, że inni na ciebie patrzą, i że t y j e s t e ś w a ż n a.

Postaraj się dostrzec piękno płynące z pielęgnowania eleganckiego stylu bycia i potraktuj to zadanie jako sposób na życie. Czasami będzie ci ciężko, ale spójrz na to jak na przygodę. Twoje życie nigdy nie będzie nudne. Każdy moment dnia będzie stanowił wyzwanie. Bezustannie będziesz musiała stawiać sobie pytania i dokonywać najlepszych wyborów. Niejednokrotnie twoje wysiłki zakończą się niepowodzeniem i nigdy nie osiągniesz doskonałości. Ale życie z całą pewnością będzie ci dawać satysfakcję, a wszystkie starania będą miały ogromną wartość.

Nie pozwól, aby zniechęciły cię różne zawirowania życiowe. Traktuj je jak motywację do jeszcze większego wysiłku. Z pewnością będziesz błyszczeć i wyróżniać się na tle innych. Początkowo możesz czuć się z tym trochę nieswojo. Możesz być opacznie rozumiana. Jednak bez wątpienia znajdą się ludzie, których zainspirujesz, i o to właśnie chodzi. Dlatego zakasz rękawy i przygotuj się do ciężkiej pracy. Podejmij trud kształtowania klasy i przemiany życia. Ponieważ twoje życie, życie pojedynczego człowieka, może zmienić świat.

Podziękowania

Przede wszystkim chciałabym wyrazić wdzięczność swojej agentce Erice Silverman, i redaktorce, Trish Todd. Dziękuję wam za waszą przyjaźń i wiarę w powodzenie całego przedsięwzięcia. Ogromnie się cieszę, że możemy współpracować. Nasz zespół jest naprawdę *chic*! Dziękuję wam oraz niezwykle zdolnym ludziom z Trident Media Group oraz wydawnictwa Simon & Schuster, ze szczególnym uwzględnieniem takich osób, jak: Lauren Paverman, Meredith Miller, Tara Carberry, Kaitlin Olson, Jackie Seow, i Jonathan Karp. Dziękuję również Virginii Johnson za jej wspaniałe ilustracje, które są bardzo *chic*! Szczere podziękowania składam czytelnikom mojego bloga oraz widzom kanału *The Daily Connoisseur*, a także wszystkim fanom Madame Chic na całym świecie. Wyrażam wdzięczność swoim wspaniałym przyjaciołom, bo dzięki nim nadal podchodzę do wszystkiego z pasją. Dziękuję też rodzinie za wsparcie i słowa zachęty. Na koniec największe podziękowania kieruję do Bena, Arabelli i Georginy. Jesteście dla mnie inspiracją każdego dnia. Bardzo was kocham.

Spis treści

Opieka redakcyjna
Dorota Wierzbicka

Redakcja
Agnieszka Olczyk

Korekta
Anna Rudnicka, Barbara Turnau, Małgorzata Wójcik

Projekt okładki
Jackie Seow

Ilustracje
Virginia Johnson/Illustration Division

Redakcja techniczna
Robert Gębuś

Printed in Poland
Wydawnictwo Literackie Sp. z o.o., 2016
ul. Długa 1, 31-147 Kraków
bezpłatna linia telefoniczna: 800 42 10 40
księgarnia internetowa: www.wydawnictwoliterackie.pl
e-mail: ksiegarnia@wydawnictwoliterackie.pl
fax: (+48) 12 430 00 96
tel.: (+48) 12 619 27 70
Skład i łamanie: Piotr Kołodziej
Druk i oprawa: Drukarnia KMDRUK, Łódź

ISBN 978-83-08-06171-8